「読む」「書く」が育つ！
国語力が楽しくアップ！

漢字ゲード 101

三好真史 著

学陽書房

はじめに

　小学生の子どもにとっての勉強といえば、「読み」「書き」「計算」、そして、「漢字」が挙げられることが多いことでしょう。

　特に、小学校段階での漢字が分からなければ、文章そのものを読むことができず、内容を理解できなくて、勉強が苦手になってしまう……ということもあり得ます。そのため、教師も保護者の方も、「漢字を覚えているかどうか」に執着してしまいます。

　しかし、度重なる勉強によって、子どもが漢字嫌いになってしまっては元も子もありません。

　漢字というのは、おもしろいものです。

　漢字は、3300年以上にも及ぶ長い歴史があり、中国から日本へと伝来して、多くの人々に使われてきた文字です。読んだり書いたりするばかりではないおもしろさが、いっぱい詰まっているのです。

　本書では、漢字の形や音や部首に着目したやさしいあそびを101収録しています。

　最近は、タブレットやパソコンなどのICT機器も身近になってきていますので、これらを使ってさらに楽しむことができるように、あそびをまとめてみました。

　また、漢字の習得そのものも、あそびにして紹介しています。楽しみながら漢字を覚えられるように指導しましょう。

　ゲーム化した漢字あそびは、漢字への興味・関心を育てるのに有効です。

　「好きこそものの上手なれ」という言葉があるように、遊び方が分かれば、子どもは楽しんで漢字を使うようになります。

　紹介しているあそびのすべてを行う必要はありません。クラスの子どもを想像してみて、「これが自分のクラスの子どもに合いそうだ」と思われるあそびをやってみましょう。

「漢字って楽しいな！」
「もっと漢字を調べてみよう！」
「漢字のことを知りたい！」

　本書の漢字あそびで、そんな声があふれる授業づくりをやってみようではありませんか。

contents

Chapter **2**
デザインする漢字あそび

Chapter 3
熟語を考える漢字あそび

Chapter **4**
ドリルを使う漢字あそび

Chapter **5**
ワークシートを用いる漢字あそび

Introduction

漢字あそびの指導で大切にしたい4つのこと

漢字あそびをするにあたり、
気を付けたいポイントがあります。
スムーズに活動へ移れるよう、
4つの内容を確認しましょう。

Point 1
本書の使い方

　国語科の授業は、ほとんど毎日の時間割表に含まれています。全授業の中でも、もっとも長い時間を占めています。そして、その国語科の授業の中に、漢字の学習の時間が設けられています。漢字の学習の時間の中に、適宜「漢字あそび」を取り入れていきましょう。

　本書の「漢字あそび」は、次の4つの使い方ができます。

使い方①　漢字学習のウォーミングアップに

　漢字学習が単調になりがちなときに、ウォーミングアップとして取り入れることができます。漢字学習を行う前後に取り入れることで、漢字学習への意欲を高めます。

使い方②　漢字の練習に

　漢字学習を一通り終えたり、あるいは1週間で学習する漢字を学び終えたりしたところで、練習として用いることができます。

　「2学期に習った漢字を用います」「今週習った漢字を用いるようにしましょう」というような制限をかけて、いつもとは違ったかたちで漢字練習の時間をつくるようにします。

使い方③　スキマ時間の穴埋めに

　国語科の授業の中でちょっとしたスキマ時間ができた際にも取り入れることができます。授業がいつもより早く終わってしまったときに、「残りの時間で、漢字を使ったあそびをしましょう」というように活用します。

使い方④　漢字の授業づくりに

　1時限の漢字指導の授業づくりとして、そのまま組み合わせて使用することもできます。本書の漢字あそびから、3〜4つ程度を選び取り、組み合わせれば、それで1時限の授業を構成することができます。

Point 2
漢字あそびの取り組み方

　あそびを授業に取り入れる際には、「○○というあそびをするよ。ルールは、〜〜です。さあ、やってみましょう」などと唐突に始めると、子どもを困惑させてしまいます。あそびのルールは、話を聞いただけでは伝わりにくいものです。特に漢字あそびは、文字を使ったあそびであるために、イメージのわかないことがあります。

　以下の3点に気を付けて取り組みましょう。

①見本を見せる

　はじめてあそびを行う際には、必ず見本を見せるようにします。ペアやグループで行うあそびは、「○○というあそびをします。手伝ってくれる人はいますか?」と問いかけます。そして、代表者とともに活動をやって見せます。見本を見せながら、「このようにして進めます」「こんなときはアウトです」などと、ルールを解説します。それだけで、ほとんど問題なくスムーズに進めることができるようになります。

②具体例を示す

　漢字の作品を制作するような活動の場合では、実際に教師が作る過程を見せます。ただし、完成形1パターンのみを示してしまうと、子どもがまったく同じものを作ってしまう可能性もあります。できれば、2〜3パターンの完成形を見せるようにすると、子どもの考える幅が広がります。

③練習時間を設ける

　ルールを説明しても今ひとつよく理解できていないような場合には、「まず練習しましょう」と伝えて、練習時間を設けます。そして、慣れてきた頃を見計らって、「ここからが本番です」とスタートさせます。こうすることによって、理解の遅い子どもも楽しむことができるようになります。

　漢字あそびの実施にあたっては、「漢字をまったく思いつかない」ことにより進行が停滞してしまうことが考えられます。クラスの子どもたちの実態に応じて、教科書や漢字ドリル、国語辞典などを用いるかどうかを検討しましょう。

Point 3
ICT 機器の使用について

　本書で紹介する「漢字あそび」のいくつかでは、ICT 機器を使用します。

　パソコンやタブレットなどを用いれば、これまでにできなかった「自分が作った問題を共有すること」や、「漢字を思い通りにデザインすること」などが可能になります。

　検索機能を使用したり、文字変換をしたりすれば、たくさんの漢字の情報に触れられます。

　また、ワークシートで作品を制作する際には、スキャナで一斉にスキャンしてしまえば、ICT 機器上で共有することもできます。そうすれば、クラス全員の作品を見合い、学びを共有することができるのです。

　これらの利点から、本書ではふんだんに ICT 機器を使用しています。

　ただし、ICT 機器にはデメリットもあります。

　仮に漢字を覚えていなくても、読み仮名を打ち込めば、すぐに変換されて出てきてしまいます。大量の熟語だって検索できます。そうなると、「覚える必要性」がなくなってしまいます。

　これでは、漢字や熟語を覚える機会としては、むしろマイナスにもなりかねません。

　したがって、学習の目的によって、使用の可否を分けるようにすることが大切です。

　「漢字を自由にデザインさせたいとき」や「たくさんの漢字の情報に触れさせたいとき」には、ICT 機器を用いましょう。

　一方で、「漢字や熟語を習得させたいとき」には、使用を制限します。

　なお、パソコンやタブレットの種類や年式により、用いることのできるソフトは異なるために、本文中でソフトの明記はしておりません。ICT 機器に搭載されているお絵かきソフトやプレゼンテーションソフトなどの中で、スライド式で共有しやすいようなソフトを活用してください。

Point 4
ワークシートについて

　本書のあそび81〜101のあそびは、ワークシート形式になっています。

　そのままコピー機でA4サイズにコピーして、印刷機で印刷し、配付します。

　1種類のワークシートで、3通りのあそびができるようにしてあります。クラスの人数の2〜3倍の枚数を印刷してストックしておくと、便利です。

　これらのあそびは、その場で見合って楽しむことができます。友だちのワークシートを見て、どんな作品や問題ができ上がったのか見合う時間を設けることで、作品から良い点を学び取り、問題を解き合います。直接見合うやり方では、1時限で学びを終えるようにします。

　また、先述した通り、スキャンして共有すれば、クラス全員の作品や作った問題に触れることができます。良い作品を見合ったり、価値観を共有したり、問題を解き合ったりすることができるのです。

　その場合であれば、「作品を製作する日」と、「みんなであそぶ日」というように、2日に分けて実施します。例えば、1日目は授業の残りの15分で実施。2日目は、次の国語授業の残りの15分で実施……というようにして、スキマ時間を2回活用するようにします。

　スキャンする際には、機械のガラス面上で1枚ずつ挟み込むようにしていてはたいへんです。

　50〜100枚、自動原稿送り装置で一括してスキャンできる機器が販売されています。その機能を使えば、ものの数十秒で、クラス全員分のプリントがスキャンできます。ぜひ、学校の経費で用意してもらいましょう。

　このような、アナログとデジタルのハイブリッドで、子どもの学びを深めていきましょう。

「とめ」「はね」「はらい」のルールは、いつできた?

漢字には、「とめ」「はね」「はらい」のルールがあります。これは、どのくらい厳密なものなのでしょうか。

今から3300年くらい昔に、中国で漢字が使われ始めた頃、人々は、亀の甲羅や動物の骨などに、刃物で刻みつけるようにして記録していました。この頃の漢字は「甲骨文字」と呼ばれています。

甲羅や骨は硬くて、刃物は切れ味がよくありません。したがって、甲骨文字の時代では、「とめ」「はね」「はらい」の意識はありませんでした。

漢字の祖先の古代文字としては、2200年くらい前につくられた「篆書」もあります。この段階でも、筆記用具の制約から、「とめ」「はね」「はらい」は見られません。

現在のように「とめ」「はね」「はらい」に気を配るようになるのは、筆先を自由に動かせる筆を使って、表面のなめらかな紙の上に漢字を書くようになってからのことです。それは、おおむね3～4世紀頃のことだと推定されています。私たちが普通に書いている「楷書」という書き方は、この頃に生み出されています。

筆と紙で、思い通りの形に漢字を書けるようになった人々は、いかに美しい漢字を書くかに目覚めます。これが、書道の誕生です。

つまり、漢字の「とめ」「はね」「はらい」は、美しく整った漢字を書くためになされているのです。これを守らなかったからといって、「漢字として間違いである」とまではいえません。

「とめ」「はね」「はらい」は、漢字を美しく書くためのマナーのようなものだといえるでしょう。

Chapter

1

形に注目する
漢字あそび

漢字には、様々な特徴があります。
漢字の外形や部首など、
形に注目するようなあそびを紹介します。

マス目の線に漢字を発見！

1 マス目漢字探し

ねらい マス目の中から簡単な漢字を見つけ出す

❶マス目の中の漢字を探す

ノートのマス目を使ってあそびます。まず、ノートのマス目を、よく見てみましょう。
じつは、マス目全体の形をよく見てみると、漢字が隠れています。マス目から漢字を探し出してなぞりましょう。
漢字がページいっぱいになってしまったら、次のページに進みます。
制限時間は、4分間です。

あっ、「日」があった

あっ、「日」があった。

❷見つけた漢字を発表する

（活動後）では、どんな漢字を見つけることができたのか、発表しましょう。

私は、「目」を見つけました。

僕は、「品」を見つけました。

たくさん見つけることができましたね。

僕は、「品」を見つけました

ADVICE！
・漢字の例は、一、二、三、十、刀、力、九、七、丁、口、土、士、小、山、川、工、己、千、干、上、下、万、亡、戸、方、日、日（曰く）、円、止、尺、田、旧、出、兄、圧、品など。

16

2 カタカナだけでも漢字がつくれる！ カタカナ合わせ

ねらい カタカナの含まれる簡単な漢字を想起する

❶カタカナからなる漢字を考える

 今日は、カタカナで漢字を作ります。
例えば、サとイとヒで、どんな漢字になりますか？

サとイとヒで、どんな漢字になりますか？

サ イ ヒ

 「花」という漢字になります！

「花」という漢字になります！

 正解！
このように、カタカナだけで漢字をつくってみましょう。

 カタカナの「イ」は使いやすそうだな……。

❷できた漢字を見せ合う

 （活動後）では、できた漢字を友だちに見せてみましょう。

 僕は、ナとロで「右」にしたよ。

 私は、ヒとヒで「比」！

 （活動後）みんなの前で発表できる人はいますか？
（挙手・指名）

 僕は、ナとロで「右」にしたよ

 私は、ヒとヒで「比」！

ADVICE! ・漢字の例は、若、右、空、左、名、回、外、多、化、公、加、芸、功、労、営、宮、台、比、仏、仁など。

3 巣から飛び出せ

巣の中に隠れる漢字を見つけろ！

ねらい 1文字の中から漢字を見つけ出す

❶漢字の中の漢字を探す

「巣」という漢字の中には、たくさんの漢字が隠れています。漢字をできる限り見つけ出してみましょう。
制限時間は、5分間です。
用意、始め！

 「中」があるね！

 「一」もあるよ！

漢字をできる限り見つけ出してみましょう

「中」があるね！

「一」もあるよ！

❷見つけた漢字を発表する

（活動後）いくつ見つけることができましたか？
（確認後）では、見つけた漢字を発表してみましょう。

 果実の「果」があります！

（活動後）
みんなで考えると、たくさんの漢字が見つかりますね。

見つけた漢字を発表してみましょう

果実の「果」があります！

ADVICE！

・答えは、一、二、三、六、七、八、十、千、万、人、入、力、刀、丁、大、小、上、下、山、川、土、工、士、口、己、巳、巾、亡、干、久、中、木、日、王、戸、巴、田、由、示、未、旧、圧、果、栄など。

4 プラス1画

漢字に1画足すとどうなる？

ねらい 簡単な漢字を書き、漢字への関心をもつ

❶ 「十」の漢字に1画足す字を考える

「十」という漢字があります。1画足すと、どんな漢字になるでしょうか？

「千」です！

「土」にもなるよ！

そうですね。ほかにも、「士」や「才」などの漢字があります。

❷ 1画足した漢字を考える

では、次の漢字に1画加えて、別の漢字にしましょう。全部で18問あります。
一、二、三、九、十、万、王、日、止、中、人、小、大、水、皿、牛、弓、由。
制限時間は、3分間です。用意、始め！

別の漢字にしましょう

①一→　⑥万→　⑪人→
②二→　⑦王→　⑫小→
③三→　⑧日→　⑬大→
④九→　⑨止→　⑭水→
⑤十→　⑩中→

「九」は、「丸」になるな。

（活動後）そこまでにしましょう。いくつ書くことができましたか？（確認後）発表できる人？（挙手・指名）

ADVICE！
・答えは、一→十、二→士、三→王、九→丸、十→王、万→方、王→玉、日→白、止→正、中→申、人→大、小→少、大→犬、水→氷、皿→血、牛→生、弓→引、由→曲。

5 新聞の中から漢字を探そう！ 新聞漢字探し

ねらい 部首を含む漢字に触れる

❶新聞の中から「人べんの漢字」を探し出す

班に1枚ずつ新聞を渡します。その中から、テーマに合う漢字を見つけ出してください。ホワイトボードに、見つけた漢字を書き出します。
はじめのテーマは、「人べんの漢字」です。

> はじめのテーマは、「人べん」の漢字です

> 見当たらないな〜

見当たらないな〜。

❷見つけた漢字をまとめる

「住居不定」……あった！

（活動後）いくつ見つけることができましたか？

私たちは、15個見つけました。

すばらしい！
（確認後）では、見つけた漢字を発表しましょう。

> 「住居不定」……あった！

ADVICE!　・新聞が手に入らない場合は、ネット上の記事をタブレット上で共有し、そこから探すのもいいでしょう。

漢字の一部分でしりとりをしよう！

6 漢字しりとり

ねらい 漢字の共通点に気付く

❶漢字の一部分でしりとりをする

 今日は、しりとりをします。ただのしりとりではありません。漢字しりとりです。漢字の一部分を使って、次の漢字を作ります。
例えば、「泣→位→依→製」というようにです。
となりの人とジャンケンして、勝った人から、「白」という漢字１文字から始めましょう。
何も思いつかず、10秒たったら負けになります。

漢字の一部分を使って、次の漢字を作ります

白 → 口

「白」から始めるよ。

「口」かな？

❷相手の漢字に合わせて漢字を書く

 「石」。 　 「岩」。

 「岸」。 　 「刊」。

 （活動後）では、そこまでにしましょう。
勝った人？　負けた人？
引き分けだった人？　（確認後）
様々な漢字を知っていると、長く続けることができますね。

「石」
「岩」
「岸」
「刊」

ADVICE! ・部首にはこだわらず、どこの一部分でも用いていいことにします。

7 リアクションで漢字を当てろ！
好きですか、嫌いですか？ 漢字バージョン
ねらい 漢字の特徴を考える

❶漢字への質問に答える

漢字で「好きですか、嫌いですか？」というあそびをします。だれか1人、前へ出てやってくれる人？
（挙手・指名）Aくんは、黒板を見てはいけません。ほかのみんなは、何の漢字が書かれているかを、Aくんに教えてはいけません。先生がAくんに質問をするので、それに対して適当に答えてください。ほかのみんなは、その答えを聞いて「おお～」とか「ええ～」というように反応します。
みんなのリアクションを見て、Aくんはどんな漢字なのかを当てましょう。答えられるのは、2回まで。Aくんは、この漢字が好きですか？

はい。

おお～！

❷リアクションから漢字を当てる

青や生と同じ音で読めますか？

いいえ。

ええ～！

（活動後）では、答えをどうぞ。

日という漢字が入っていてセイと読める漢字……「星」だと思います。

正解！

ADVICE！
・慣れてきたら、代表の子どもからも質問をさせるようにしていきます。
・「部首は3画ですか？」「三角より四角っぽいですか？」「読むと、『ん』の字がつきますか？」など、画数や形や音のヒントを多く出すようにしましょう。

8 書き順シンクロ

書き順のタイミングを合わせよう！

ねらい 漢字の書き順を正す

❶漢字を決めて、班で書き方を練習する

 今週習った漢字は、もうバッチリ覚えられましたか？
復習をしましょう。班で、今週習った漢字を1つ決めます。
漢字を書くタイミングをぴったり合わせて空書きできるように
練習しましょう。2分後に発表してもらいますよ。

どの字にしようか？

「紙」なんて、いいんじゃない？

いいね。練習しよう！　さん、はい！

い〜ち、に〜い……。

「紙」なんて、いいんじゃない？

いいね。練習しよう！さん、はい！

❷練習の成果を発表する

 （活動後）では、1班から順番に、
練習の成果を発表してください。

 さん、はい！

 い〜ち、に〜い、さ〜ん、し〜い！

 そろってる！

 （活動後）1班に
拍手をしましょう！

い〜ち、に〜い、さ〜ん、し〜い！

そろってる！

ADVICE! ・特に、複雑な漢字に挑戦した班をほめるようにしましょう。

9 漢字アドバイザー

アドバイスを受けて漢字を書き出そう！

ねらい 同じ部首の漢字に触れ、関心をもつ

❶魚へんの漢字を集める

今日は、魚を集めましょう。「魚へん」の漢字を集めてください。班で1人だけは、漢字アドバイザーになります。漢字アドバイザーは、インターネットで検索してOKです。ただし、画面を見せてはいけません。班の人に、ヒントを教えてあげてください。ホワイトボードに漢字を書いて集めます。何匹集めることができるでしょうか？
制限時間は、5分間です。

「鯉」！ 魚へんに、里！

どんどん書き込もう！

「鯉」！ 魚へんに、里！

どんどん書き込もう！

❷探した漢字を発表する

（活動後）はい、そこまで。1班が21個、2班が31個、3班が32個……。よって、3班が優勝です！ 優勝した3班の内容を見てみましょう。漢字アドバイザーの人は、写真を撮って、みんなに共有してください。自分のグループにはない漢字は、ありますか？

3班が優勝です！

「鰻」って、こんな漢字なんだなあ……

「鰻」って、
こんな漢字なんだなあ……。

ADVICE！ ・ホワイトボードでまとめるときは、「①鰯（いわし）」というように、番号と読み仮名とをセットで記入するようにすると、かぞえやすくなります。

10 熟語しりとり

熟語でしりとり続けよう！

ねらい 熟語の語彙を増やす

❶班で熟語を使ったしりとりをする

これまで、様々な熟語を習ってきましたね。しっかりと使うことができる
ようになっているでしょうか？　今日は、熟語しりとりをします。
「体育」「育成」「成長」というように、後ろの漢字を使って次の熟語を作
り、しりとりをつなげましょう。順番にホワイトボードに書いていきま
す。思いつかなかったら、次の人が答えてください。
パスが１周まわったときには、違う漢字にして、もう一度始めます。
では、ジャンケンで勝った人から始めましょう。

「理科」。

「科目」。

「目印」。

しるし……？　パス！

「理科」

「科目」

「目印」

しるし……？
パス！

❷ホワイトボードに熟語をつなげていく

パス。　　　パス。

じゃあ、違う熟語にするね。
「目玉」。

（活動後）そこまでにしましょ
う。１回もパスしなかった人？
(挙手) すごい！

パス

パス

じゃあ、違う
熟語にするね。
「目玉」

ADVICE！　・漢字を覚えられていない子どもがいる場合には、漢字ドリルを見てもいい
　　　　　　　　ことにしましょう。

同じ部首の漢字を思い出そう！

11 同部首探し

ねらい 同じ部首の漢字のまとまりを知る

❶指定された部首の漢字を書く

 指定された部首の漢字を班で考えて、ホワイトボードに書きます。
教科書やドリル、タブレットは使ってはいけません。
制限時間は、２分間です。「草かんむり」の漢字を探しましょう。
用意、始め！

 「花」。

 「菜」も、そうだね。

❷友だちと協力して多く書く

 「薬」も草かんむりだね。

 (活動後) そこまで。
では、班ごとに、いくつ書く
ことができたのか発表してく
ださい。
(発表後) もっとも多かったの
は、１班でした。拍手～！

花、草、芸、苦、茶、落、芽、……

ADVICE！ ・部首は、「木へん」「ウかんむり」「しんにょう」など、知っている漢字の数
の多いものから取り組ませていくとスムーズです。

26

12 カタカナ漢字探し

カタカナの入っている漢字を考えよう!

ねらい 漢字の形に注目する

❶カタカナの入った漢字を書く

 班で、文字の中にカタカナが入っている漢字を探して、ホワイトボードに書きます。カタカナが入っていれば、どんな漢字でもOKです。
教科書を見てもいいことにします。

 私が書くよ。

 じゃあ、
僕は教科書から探すね!

文字の中にカタカナが入っている漢字を探して、ホワイトボードに書きます

僕は教科書から探すね!

❷友だちと交替して多く書く

 「路」には、口が入っているね。

 「値」には、イが入っている!

 (活動後)そこまで。
では、班ごとに、いくつ書くことができたのか発表してください。
(発表後)もっとも多かったのは、4班でした。拍手~!

右、花、女、ハ、何、社、
夜、知、

「路」には、口が入っているね

ADVICE! ・答えには、多、名、左、右、化、能、空、伝、個などがあります。

13 同音漢字探し
同じ音の漢字が見つかるかな？

ねらい 漢字の音の違いや共通点に気付く

❶同じ音で読む漢字を書く

先生が言う音の漢字を、班でできる限り多く見つけてください。ホワイトボードに漢字を書いていきましょう。制限時間は、2分間です。
「カイ」と読む漢字を考えましょう。
用意、始め！

「カイ」と読む漢字を考えましょう

「貝」！

「貝」！

❷友だちと交替して多く書く

「会」もそうだね。

(活動後) そこまで。
では、班ごとに、いくつ書くことができたのか発表してください。
(発表後) もっとも多かったのは、6班でした。拍手〜！

回、海、絵、貝、階、開、界、

「会」もそうだね

ADVICE！

・例えば、「クウ」「ケイ」「コウ」「スウ」「セイ」「ソウ」の音の漢字が、かなり多く見つかりますのでおすすめです。
・同じ音の漢字の共通点を見つけて、「音と意味の結びつき」に気付かせるようにしましょう。

14 同じ画数の漢字を見つけよう！
同画漢字探し
ねらい 画数の共通点に気付く

❶同じ画数の漢字を書く

 同じ画数の漢字を班で考えて、ホワイトボードに書きます。
制限時間は、2分間です。では、3画の漢字を書きましょう。
用意、始め！

 「上」！

「土」！

❷友だちと交替して多く書く

 「才」も3画じゃない？

 （活動後）そこまで。
では、班ごとに、いくつ書く
ことができたのか発表してく
ださい。
（発表後）もっとも多かったの
は、2班でした。拍手～！

口、土、上、大、三、山、下、

ADVICE! ・3～5画あたりが、見つけやすい漢字です。慣れてきたら、6～9画へと増やしていきましょう。

画数の増えた漢字を見つけよう！

15 画数の階段

ねらい 漢字の画数に注目する

❶画数が1画ずつ増えた漢字を書く

 ホワイトボードに漢字を書きます。1画、2画、3画……というように、漢字の画数を1画ずつ増やしていきます。もっとも多い画数までたどり着けた班が優勝です。

漢字の画数を1画ずつ増やしていきます

1画は、「一」！

2画は、「十」！

 1画は、「一」！

 2画は、「十」！

❷友だちと交替して多く書く

 3画は、「千」！

 「王」で、4画！

 「田」で、5画！

 （活動後）そこまで。
では、班ごとに、何画まで書くことができたのか発表してください。
（発表後）もっとも多かったのは、3班でした。拍手〜！

一、十、千、王

「田」で、5画！

ADVICE！　　・10画を越えたあたりから、かなり難しくなります。

16 こんな漢字があるなんて！ 画数の多い漢字

ねらい 画数の多い漢字を書いて楽しむ

① 「ビャン」を書く

 画数の多い漢字を紹介します。中国には、なんと57画の漢字があります。複雑な形をしていますが、中国陝西省西安市の名物、「ビャンビャン麺」の「ビャン」を表す漢字です。

 む、難しい〜。

② 「テツ」を書く

 さらに、日本で最大の漢字の辞書『大漢和辞典』（大修館書店）には、このように「龍」を4つ書く64画の漢字が載っています。
読み方は「テツ」で、「口数が多い」という意味です。

 書けました！

ADVICE！ ・「ビャン」は、伝統的な漢字辞典には出てこないため、比較的最近になって作られた新しい漢字と考えられています。

漢字の画数が多すぎる！

17 もっと画数の多い漢字

ねらい 画数の多い漢字を書いて楽しむ

❶ 「たいと」を書く

先日は画数の多い漢字を紹介しましたが、じつはもっと画数が多い漢字があるのです。「たいと」と読み、日本人の名前に使われることがあるとされています。
画数は、84画です。

こんな名前だと、たいへんだな〜。

❷ 「ホウ」「ビョウ」を書く

現在では使われなくなった中国の画数の多い漢字は、なんと128画です。
「ホウ」「ビョウ」と読み、意味は「かみなりの音」です。

意外と簡単だ！

ADVICE！
・ただし、「たいと」の名前の人の実在は確認されていません。
・「たいと」は、ほかに「だいと」「おとど」という読み方があります。

難しい漢字あそび③

18 身近な難漢字は、こうやって書く！
難漢字「挨拶」
ねらい 難しい漢字を書いて楽しむ

❶ 「挨拶」を書く

（黒板に「挨拶」と書く）これを、なんと読むのか知っていますか？
これで、「あいさつ」と読むのです。この漢字を書けるようになりましょう。
「手でムリヤリ3回食った」……手は2つとも書いてしまいます。
ムリヤリという言葉で、ムと矢を書きます……。

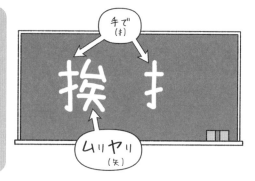

❷最後まで書ききる

「3回食（く）った」ということで、「く」を3個書いて、最後に「た（タ）」を書きます。これで完成です。

書けた！

何回か練習してみましょう。

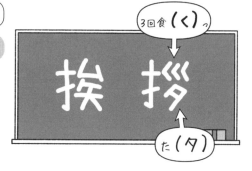

ADVICE！
・高学年では、難漢字に挑戦させていきましょう。「こうやって覚えるといいよ」と具体的に示しながら紹介すると、「書けるようになった！」と喜ぶ子どもが続出します。

19 難漢字「鬱」

書けたらみんなに自慢しよう！

ねらい 難しい漢字を書いて楽しむ

① 「鬱」を書く

(黒板に「鬱」と書く) これを、なんと読むのか知っていますか？
この字を読めた人はすごいですね。これで、「うつ」と読みます。この漢字
を書けるようになりましょう。覚え方は、こうです。
「リンカンーンはアメリカンコーヒーを３杯飲んだ」。
「リンカーン」は「林」と「缶」で、「は」は「ワ」にします。

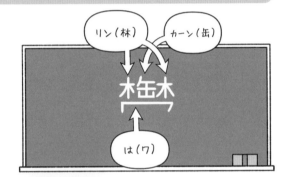

②最後まで書ききる

「アメリカン」は国旗のような形です。
コーヒーは、「コ」を横向きにして、ヒを書く。
それから、「３杯飲んだ」ということで、３本線を引けば完成です。

かっ、書けた〜！

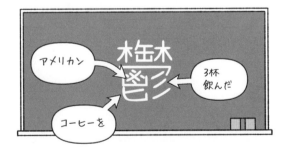

ADVICE! ・「鬱」の意味は、「ふさがる。心持ちが晴れ晴れしないこと」と説明するの
がいいでしょう。

果物の名前も漢字で書こう！

20 檸檬

ねらい 難しい漢字を書いて楽しむ

❶「檸檬」を書く

(黒板に「檸檬」と書く) これを、なんと読むのか知っていますか？
すっぱい食べ物です。そう、レモンです。今日は、この漢字を書けるように
なりましょう。覚え方を言います。
「ウシンシティ、草は一トン、きがつきゃレモン」。まず、「ウシンシティ」
というのは、ウはウかんむりで、シンは「心」で、シは「皿」という字を数
字の4に見立てています。「ティ」というのは「丁」です。

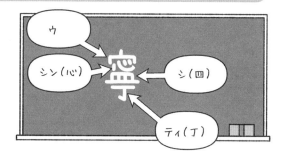

❷最後まで書ききる

「草は一トン」というと
ころで、「草かんむり」
に「ワ」に「一」に豚
の右側の部分を「トン」
として書きます。
「きがつきゃ」というこ
とで、最後に「木」を
つけましょう。

書けました！

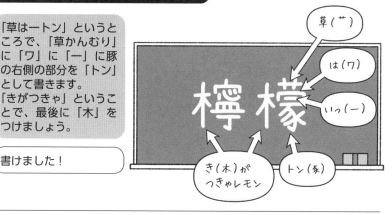

ADVICE！　・「ウシンシティという町があるのです」というように、ストーリー仕立てで話
をすると、より覚えやすくなります（＊もちろん、実際には、そんな町はあり
ません）。

「とめ」「はね」「はらい」は厳しく指導すべきか?

漢字指導の現場では、字体の細かな部分にまで厳しく指導する傾向が見られます。例えば、以下の漢字について、Aを〇、Bを×とするような指導です。

A：	木	幸	天	女
B：	木	幸	天	女

このような厳密な指導が、子どもの漢字嫌いを招く一因になっているといえます。

Aは「標準字体」であり、Bは木と幸と天が「楷書体」、女は「明朝体」の字体です。Bは、確かに標準字体とは形が異なりますが、これも正しい字体であることに変わりはありません。×とすることはできないのです。

もちろん、線の長短により誤りになることもあります。例えば、「土」と「士」とを比べて、2本の横棒のどちらが長いか短いかによって、別の漢字と私たちは認識します。しかし、上の「天」や「幸」であれば、2本の横棒の長短の差があったとしても、私たちは同じ字であるという認識をもちます。

小・中学校における漢字指導では、文字の「骨格」を教えることが肝心なのであり、細かな字形の差にまで神経質にならないように、配慮が必要です。

とはいえ、小学校低学年の場合では、「長くても短くてもかまわない」「止めてもはねてもかまわない」という指導の仕方では、子どもを混乱させてしまうかもしれません。

そこで、標準字体の通りに指導します。

ただし、学期に1〜2回実施されるようなテストにおいては、字形の微細な差に過ぎないものに×を付けるべきではないでしょう。

漢字に対する興味や関心を失わせて、漢字嫌いを生み出すような指導については、極力避けるようにしていかなくてはなりません。

ちなみに、「とめ」「はね」「はらい」が許容されるものかどうか判断しかねるときには、ワードに打ち込んでみて、様々なフォントに変換してみると分かりやすいです。例えば、試しに、「改」の字を打ち込んでみて、フォントをいろいろと変更してみてください。そうすると、はねる字体と、はねない字体があることに気付くことでしょう。ご参考までに。

Chapter

2

デザインする
漢字あそび

漢字の形を自由自在に創作。
漢字を楽しくデザインするあそびを
紹介します。

21 漢字の風車

漢字をグルグル重ねよう！

ねらい 漢字の形や特徴に気付く

❶同じ漢字を重ねる

 この絵は、「風」という漢字が6回重なったテザインです。
好きな漢字を6回、円の形に重ねます。
自分だけの風車のデザインを作ってみましょう。

 よし、「田」の漢字で
やってみようかな？

好きな漢字を6回、
円の形に重ねます

「田」の漢字で
やってみようかな？

❷6回貼り付けて風車を作る

 （活動後）自分だけの風車が完成しましたね。
完成した作品を共有して、見合いましょう。

 僕は「家」でやりました。

 すごい！　きれいだね。

僕は「家」で
やりました

すごい！
きれいだね

ADVICE!　・漢字を1文字ずつ回転させると、さらにデザインが美しくなります。60度ず
つ6回重ねるようにすると、中心を向くデザインになります。

漢字で創作するあそび②

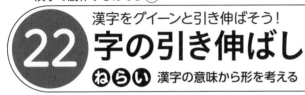

22 字の引き伸ばし
漢字をグイーンと引き伸ばそう！

ねらい 漢字の意味から形を考える

❶漢字を横に長く引き伸ばす

 「高」という漢字をデザインしてみました。みなさんもやってみましょう。パソコンのお絵かきソフトに漢字を1文字打ち込みます。その部分を選択して、漢字を長く引き伸ばしてみましょう。どんな形になるでしょうか？

「太」の漢字でやってみよう！

漢字を長く引き伸ばしてみましょう

「太」の漢字でやってみよう！

❷いくつかの漢字を引き伸ばして作品を作る

 (活動後) では、完成した作品を共有して、見合いましょう。

 「門」の漢字を横に広げてみました。

 広い門みたい。

「門」の漢字を横に広げてみました

広い門みたい

ADVICE! ・国語の教科書の漢字一覧などを参考にして漢字を選ぶようにします。

23 左右交換

漢字を切って移してくっつけよう！

ねらい 漢字の形に注目する

❶漢字を部分で切り取りをする

パソコンで、お絵かきソフトに漢字を打ち込みます。漢字を左右で半分に切り取って、くっつけます。「真」という漢字でやってみせますね。切り分けたら、移動させて反対側へと運びます。(実演)
どんな形になるでしょうか？　まずは、自分の名前の漢字1文字でやってみましょう。できた人は、好きな漢字で試してみましょう。

「由」の漢字を切り分けてみよう！

❷切り取った部分を貼り付けて、合成漢字を作る

(活動後) では、完成した作品を共有して、見合いましょう。

新しい漢字みたいだ！

ADVICE！　　・字を打ち込んだ後に、「切り取り」「移動」「貼り付け」の過程で創作します。

24 上下交換

漢字の上下を入れ換えよう!

ねらい 漢字の上下の組み合わせを考える

❶漢字を部分で切り取りをする

パソコンで、お絵かきソフトに漢字を打ち込みます。
漢字を上下に切り取って、くっつけます。「岩」という漢字でやってみせますね。切り分けたら、移動させて下へと運びます。(実演)
どんな形になるでしょうか?
まずは、自分の名前の漢字1文字でやってみましょう。
できた人は、好きな漢字で試してみましょう。

漢字を上下に切り取って、くっつけます

「異」の漢字でやってみよう!

「異」の漢字でやってみよう!

❷切り取った部分を貼り付けて、合成漢字を作る

(活動後)では、完成した作品を共有して、見合いましょう。

う〜ん、ありそうな漢字だね。

う〜ん、ありそうな漢字だね

ADVICE! ・上下で切り分けられる漢字を選ぶと、自然な形になります。

カラフル漢字に仕上げよう！
25 虹色漢字
ねらい 漢字の意味のもつ色合いを想像する

❶漢字の部分をカラーで塗りつぶす

 漢字をカラフルに色づけします。パソコンで、お絵かきソフトに漢字を1文字打ち込んでから、「塗りつぶし」で色を変えます。オシャレな漢字を作り上げましょう。字の色を変えたいところで、消しゴム機能で線を入れると、分けることができますよ。

 点は、水色にしようかな？

❷友だちの作品を鑑賞する

 （活動後）では、友だちの作品を鑑賞しましょう。完成した作品を共有します。

本当に雨が降っているみたい。

ADVICE! ・「2学期の目標」など、自分にとって重要な意味を表す漢字を選んでカラフルに仕上げるといいでしょう。

漢字のどこに間違いがある?

26 漢字1文字間違い探し

ねらい 正しい漢字の形を捉える

❶漢字の一部分を消したり書き足したりする

 漢字の間違い探しをします。パソコンで、お絵かきソフトに今週習った漢字を1文字打ち込みましょう。
漢字の一部分を消したり、書き加えたりすることで、間違いを1か所作ります。1問できたら、新しいスライドにもう1問作ります。

 「夜」の漢字で作ってみよう!

漢字の一部分を
消したり、書き加えたり
することで、間違いを
1か所作ります

「夜」の漢字で
作ってみよう!

❷友だちの漢字の間違いを探す

 (活動後) では、問題を共有します。
友だちの漢字の間違いを見つけ出しましょう。

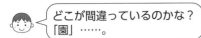 どこが間違っているのかな?
「園」……。

どこが間違って
いるのかな?

分かった!

 分かった!

ADVICE! ・「間違えやすいポイント」に目を向けさせるようにします。

バラバラになった漢字は何？

27 漢字バラバラ事件

ねらい 漢字の形の組み合わせについて考える

❶漢字を切り取り、バラバラにする

漢字バラバラ事件というあそびをします。
パソコンで、お絵かきソフトに漢字を1文字書き、切り取り機能で選択して部首を一部分移動させ、漢字をバラバラにしてしまいます。
1問できたら、新しいスライドに2問目を作ります。
バラバラにできたら、友だちに問題を見せてみましょう。

切り取って、移動……っと。

漢字をバラバラにしてしまいます

切り取って、移動……っと

❷友だちの元の漢字が何なのか考える

（活動後）では、完成した作品を共有してみんなの作品を見てみましょう。
元が何の漢字なのか、分かるでしょうか？

何の漢字なのかな……？

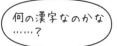

何の漢字なのかな……？

ADVICE！ ・字の挿入機能がある場合は、打ち込んだ字をバラバラに切り取ります。

28 漢字の中に違う漢字が混ざっている！
大量漢字間違い探し
ねらい 漢字の違いに気付く

❶同じ漢字の中に違う漢字を紛れ込ませる

 「人人人……」、この大量の漢字の中に、間違いが１つだけあります。何か分かりますか？
これですね。これは、「入」です。画面いっぱいに同じ漢字をコピーして、１つだけ違う漢字を紛れ込ませてください。できたら、班で問題を見せ合ってみましょう。

画面いっぱいに同じ漢字をコピーして、１つだけ違う漢字を紛れ込ませてください

違う漢字、あった！

❷友だちの漢字を見て、間違いを見つけ出す

 (活動後) では、１班から順番に、練習の成果を発表してください。

「大」の中に「犬」がいた！

違う漢字、見つけた！

「大」の中に「犬」がいた！

ADVICE！ ・「右」と「石」、「力」と「刀」、「上」と「土」、など、似たような漢字を例にするといいでしょう。

イラストの中に漢字が隠れている！

29 漢字のかくれんぼ

ねらい 漢字を探すことにより、漢字に関心をもつ

❶イラストの中に漢字を隠す

今週習った漢字を、イラストや写真の中に入れます。パソコンで自分の好きな絵や写真の中に、漢字を書き込んで隠します。まったく見えなくなるのはダメです。ギリギリ分かるくらいのところまでにしてくださいね。

好きなアニメで
やってみようかな？

自分の好きな絵や
写真の中に、漢字を
書き込んで隠します

❷友だちの絵を見て、隠された漢字を探し出す

(活動後) では、完成した作品を共有します。
友だちの絵や写真を見て、隠された漢字を見つけ出してみましょう。

キャラクターの手の中に見つけたよ！

ADVICE! ・隠す漢字の数は、1〜3個程度に指定しましょう。

30 漢字迷路

漢字の形で迷路を作ろう！

ねらい 漢字の形の特徴に気付く

❶漢字で迷路を作る

漢字を重ねるように貼り付けて、迷路を作ります。連なった字の上の黒く見える部分が通路です。いくつもの漢字を組み合わせて、スタートからゴールへとたどり着けるようにします。スタートには赤矢印、ゴールには青矢印をつけてください。

何の漢字にしようかな？

漢字を重ねるように貼り付けて、迷路を作ります

❷作った迷路であそぶ

（活動後）では、完成した迷路を共有します。友だちの作った迷路で、ゴールを目指しましょう。

なかなか難しい〜。

なかなか難しい〜

ADVICE！ ・できるだけ漢字だけで行うようにしますが、どうしても書き足したい場合や、道を消したい場合には、書き足したり消したりしてもいいことにします。

31

鉛筆を組み合わせて漢字が完成！

鉛筆漢字

ねらい 直線でできる漢字の形を捉える

❶鉛筆を用いて漢字を組み立てる

鉛筆を組み合わせて、いろいろな漢字の形を作ります。
まずは1本だと、一ができますね。
2本だと、どうなりますか？
二、十、人ができますね。
だんだん本数を増やしましょう。3本だと、川ができますね。では、友だちの鉛筆と組み合わせて漢字を作ってみましょう。

4本で作ってみようよ！

鉛筆を組み合わせて、いろいろな漢字の形を作ります

4本で作ってみようよ！

❷友だちと協力して作る

「王」の漢字ができるね。

（活動後）できあがった漢字を、上から写真で撮って、共有しましょう。

「王」の漢字ができるね

ADVICE！　・鉛筆には長短がありますので、長い鉛筆と短い鉛筆で、線の長短を表すようにします。

漢字の形を考えるあそび②

縦の線だけ残ったこの漢字は何だ？

32 縦線漢字

ねらい 漢字の形に関心をもつ

❶漢字を選び、横の線を消す

 タブレットのお絵かきソフトに漢字を書き、漢字の横の線を消しゴム機能で消しました。この漢字が何か分かりますか？

 「古」だと思います。

漢字の横の線を消しゴム機能で消しました

「古」だと思います

正解です。
このように、漢字の縦の線だけを残します。友だちの作った形を見て、元は何の漢字なのかを当てていきます。

❷縦線だけになった漢字を当てる

 (活動後) では、できあがった漢字を共有しましょう。
みんなの作った漢字を見て、元は何の漢字なのかを当てましょう。

 何だこれ？

「晴」の漢字だよ。

何だこれ？

「晴」の漢字だよ

ADVICE！　・横の線だけを残して、「横線漢字」で行うことも可能です。
　　　　　　　・「斜め」の線は、残しておくようにします。

33 直線の消えたこの漢字は何だ？
直線かくれんぼ

ねらい 漢字の直線と曲線の部分に関心をもつ

❶漢字を選び、直線を消す

 タブレットのお絵かきソフトに漢字を書いて、漢字の中の直線だけを消します。曲線だけになった、この漢字が何か分かりますか？

 ……「昼」だと思います。

 正解です。
では、みなさんも作ってみましょう。

漢字の中の直線だけを消します。曲線だけになった、この漢字が何か分かりますか？

……「昼」だと思います

❷直線の消えた漢字を見て、漢字を当てる

 (活動後) では、できあがった漢字を共有しましょう。
みんなの作った漢字を見て、元は何の漢字なのかを当てましょう。

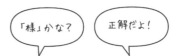

「様」かな？　　正解だよ！

 「様」かな？

 正解だよ！

ADVICE！　・「灬 (れっか)」などの点は、曲線として捉えるようにします。

34 漢字計算

漢字で計算、解けるかな？

ねらい 漢字の形に興味をもつ

❶ 漢字の部分で算数の式を作る

 漢字を用いて、算数の式を作ります。
「体－本＋主」、この問題の答えは分かりますか？

 「住」だと思います。

 正解です。
このようにして、友だちの式の答えがどんな漢字になるのかを当てましょう。問題を作って、ノートに書き出してみましょう。

漢字を用いて、算数の式を作ります

体－本＋主＝

「住」だと思います

❷ 友だちが作った式の答えを考える

 （活動後）では、班の友だちと問題を出し合いましょう。

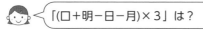 「(口＋明－日－月)×3」は？

 むっ、難しい……。

「(口＋明－日－月)×3」は？

む、難しい……

ADVICE! ・「ム」や「ヒ」など、カタカナを用いることも許可しましょう。

35 漢字「へのへのもへじ」

漢字で顔を描いてみよう！

ねらい 漢字の形に興味をもつ

❶漢字を顔のパーツにしてデザインする

 「へのへのもへじ」を知っていますか？　ひらがなの形で顔を描いているのですよね。今から、「へのへのもへじ」の漢字バージョンをやります。漢字を組み合わせて顔を書きましょう。先生は、こんな顔を描きました。

 まゆ毛は、どんな形にしようかな？

 ドリルや教科書を見ながら考えていいですよ。

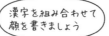 漢字を組み合わせて顔を書きましょう

まゆ毛は、どんな形にしようかな？

❷友だちの作品を鑑賞する

 （活動後）では、友だちの作品を見合ってみましょう。

 かっこよくできたよ！

 ちょっと、こわいな～。

 かっこよくできたよ！

 ちょっと、こわいな～

ADVICE!　・1つできた子どもには、2つ目、3つ目に挑戦させるといいでしょう。
　　　　　　・2回目に実施する際には、「怒った顔」や「笑っている顔」など、表情のテーマを設定して行います。

36 絵で漢字クイズを作ろう！
絵漢字クイズ
ねらい 漢字の構成に親しみをもつ

❶漢字を絵で表現する

 この絵が表す漢字が何か分かりますか？

 「親」です。

その通りです。木、立つ、見る……親という漢字ですね。漢字を1つ選んで、その漢字を絵や写真で表現してみましょう。
インターネットで検索して絵や写真をタブレットに貼り付け、クイズのスライドを完成させます。

漢字を絵や写真で表現してみましょう

「親」です

❷友だちが作った絵が表す漢字を考える

 (活動後) では、作った問題をクラス全体で共有しましょう。

 「聞」だね！

 正解！

「聞」だね！　　正解！

ADVICE！　　・部首について学んだら、部首の意味を捉えて絵で表すように促します。

37 重なる文字は、何の熟語？ 熟語重ね

ねらい 熟語の漢字に注目する

❶熟語の2字を重ねる

 熟語の漢字が重なっています。何の漢字か分かりますか？

熟語を1文字ずつ打ち込み、1文字の上にもう1文字を重ねます

「卒業」です。

正解！ タブレットに熟語を1文字ずつ打ち込み、1文字の上にもう1文字を重ねます。そうして、謎の文字を作ります。できたら、ペアで問題を出し合ってみましょう。

「卒業」です

切り取りをして、貼り付けて……。

❷友だちの作った字が何の熟語なのかを考える

（活動後）では、となりの人と問題を出し合いましょう。

何だろうな〜？

これで、「真実」なんだよ。

では、発表できる人？
（挙手・指名）
Aさんのタブレットを、テレビに映しますね。

何だろうな〜？　これで、「真実」なんだよ

ADVICE！ ・まずは二字熟語から始めて、慣れてきたら四字熟語でもやってみましょう。ただし、四字熟語で真上に重ねると真っ黒になってしまうので、上下左右へズラすようにして重ねます。

38 筆順数字

筆順だけで漢字を当てる！

ねらい 漢字の筆順を確認する

❶漢字の筆順を書く

筆順数字というあそびをします。まず例題です。それぞれの画の書き出しと終わりに数字を書いていきますね。
この筆順で書ける漢字は何でしょうか？
これは、十です。では、問題を作ってみましょう。ノートを開いて、数字を書いていきます。

それぞれの画の書き出しと終わりに数字を書いていきますね

1画の始まりと終わりに数字を打つのか～。

❷筆順を見て、何の漢字かを当てる

(活動後) では、となりの人と問題を出し合いましょう。

何、これ……？

「回」だよ。

では、発表できる人？
(挙手・指名)
Aさんのタブレットを、テレビに映しますね。

何、これ……？

「回」だよ

ADVICE！

・数字が大きくなると分かりにくいので、できるだけ小さく書くように促します。
・終わりの数字が「画数の倍」になっているかどうかで、作った問題に間違いがないか確認できます。

39 昔の人になったつもりで文を推測！

祖先からの手紙

ねらい 漢字の成り立ちを知り、漢字に関心をもつ

❶古代文字で作文する

この文を読むことができますか？　これで、「今日は雨がふっています」と読みます。
今日は、古代文字で作文を書いてみましょう。
インターネット上の「白川フォント」のサイトを開き、漢字を打ち込んでみましょう。
古代文字が表示されます。

古代文字で作文を書いてみましょう

❷友だちの作文を読む

古代文字を用いて、ノートに作文を書きましょう。
ひらがなの部分は、そのままで書きます。
（活動後）では、漢字の元になった形を利用してとなりの人が作った文章を、漢字を推理しながら読みます。

「走り回って遊ぼうよ」かな？

正解！

（活動後）では、そこまでにしましょう。
漢字の成り立ちを知ると、漢字の意味をより理解することができますね。

ADVICE！　・「白川フォント」のサイトでは、漢字を古代文字に変換することができます。
　　　　　はじめは自分の名前など、身近なもので試してみるといいでしょう。

漢字の成り立ち、調べよう！

40 漢字の進化

ねらい 漢字の成り立ちをまとめて漢字に興味をもつ

❶漢字の成り立ちを調べる

この文字は、何の漢字を表しているでしょうか。
これは、「火」の漢字です。
自分の好きな漢字を1つ決めて、成り立ちをスライドで表してみましょう。古いほうから「甲骨文字」「金文文字」「篆文（てんぶん）漢字」「現代の漢字」の順に並べます。
インターネット上の「白川フォント」のサイトで検索して、まとめましょう。

❷友だちの作ったスライドを見る

(活動後) では、完成したスライドを、班の友だちと見合ってみましょう。

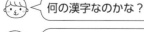

何の漢字なのかな？

「食」だよ！

ADVICE! ・4年生以上では、漢字辞典で成り立ちの意味を調べながら行うと、さらに効果的です。

漢字の書き順は誰が決めたのか？

　学校では、漢字の書き順を教えます。

　この漢字の書き順というのは、「お箸の持ち方」のようなものです。きちんとしたお箸の持ち方をしていなくても、ごはんを食べることができます。実際、我流の持ち方をしている人もいます。

　しかし、あまりにも妙なお箸の持ち方をしていると、人前で食事をするときにはみっともないものです。きちんとお箸を持っている人のほうが、食べ方もきれいに見えます。

　きちんとしたお箸の持ち方には、合理的な意味もあります。食べやすいように切り分けたり、小さな物をつまんだりしやすいのです。

　書き順は、これらとよく似ています。きちんとした書き順を知らなくても、漢字を書くことができます。しかし、人前で漢字を書く際には、めちゃくちゃな書き順だと違和感をもたれてしまいます。きちんとした書き順で書ける人は、見ていて安心感もあります。その上、美しく整った漢字を書きやすいというメリットもあります。

　お箸の持ち方は、誰か特定の個人が決めたものではありません。これと同じで、書き順も、誰か個人が決めたわけではありません。美しく整った漢字を書くためには、どこから、どんな順番で書いていくのがもっとも落ち着くのか、習慣的に定まってきたものです。

　ですから、漢字によっては、書き順が複数存在するものもあります。例えば「取」などに見られる「耳へん」には二種類の書き順があります。また、「必」の場合には、3種類の書き順があることが知られています。

　学校教育で教える書き順は、1958年に当時の文部省が出版した『筆順指導の手びき』という冊子に基づくものになっています。学校で教える書き順を1つに決めているのは、「子どもたちを混乱させないように」という、教育上の配慮からとのこと。筆順については、「ここに示すものだけには限らない」と謳われています。

　書き順については、縛られすぎず、なおかつ、ないがしろにもしすぎない、というのがちょうどいいところでしょう。「はじめて漢字を習う際に1字1筆順で学習し合うためのもの」くらいに思うのがいいといえるでしょう。

Chapter

3

熟語を考える
漢字あそび

・
・
・

様々な漢字を
組み合わせてできる熟語は、
数多くあります。
使いこなして、
熟語の語彙を
増やすあそびを紹介します。

この生き物、何て読めばいい？

41 生き物漢字

ねらい 生き物の熟語の読み方を知る

❶生き物の名前を漢字で調べる

 生き物の名前を漢字で書きます。例えば、これは何か分かりますか？
「海月(クラゲ)」「百足(ムカデ)」「蝸牛(カタツムリ)」「海豚（イルカ）」「甲虫(カブトムシ)」。タブレットで、難しい読み方をする生き物のスライドにまとめてクイズにしましょう。

難しい読み方をする生き物のスライドを作りましょう

 「生き物　名前　漢字」で検索してみよう！

❷生き物の名前を漢字で書く

 (活動後) では、みんなに問題を出せる人？ (挙手・指名)

 はい！　この問題です。「草履虫」。

何だろう？

 正解は……ゾウリムシです。

ADVICE! ・動物、虫など、生き物の種類を指定してもいいでしょう。

42 国名クイズ
国の名前も漢字になる！

ねらい 国名の熟語の読み方を知る

❶国の名前を漢字で調べる

「亜米利加」、これがどこの国なのか、分かりますか？アメリカです。じつは昔の人は、世界の国を漢字で表していました。
自分の好きな国の漢字をインターネットで調べて、スライドにまとめてクイズにしましょう。

自分の好きな国の漢字をスライドにまとめてクイズにしましょう

亜米利加

「氷州」は、「アイスランド」……。

❷国の名前を漢字で書く

(活動後) では、みんなに問題を出せる人？ (挙手・指名)

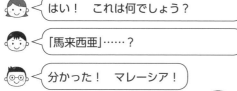
はい！　これは何でしょう？

「馬来西亜」……？

分かった！　マレーシア！

正解です！

馬来西亜

マレーシア！

正解です！

ADVICE!
- インターネット上で「世界の国名の漢字　表記一覧」で検索すると、多く出てきます。
- 「パリ」を「巴里」と書くなど、都市名も漢字で書くことができることも教えていきましょう。

43 漢字の関所

漢字の読み方を確認しよう！

ねらい 熟語の読み方に慣れる

①入り口にある漢字の読みを唱える

 今日は、教室の前後の入り口を通るときに、ホワイトボードに書かれている漢字の読み方を答えてから通りましょう。

 「海象」……？　何だっけな～？
あっ、セイウチ！

②何回も言うことで漢字の読みを覚える

 (その日の帰りに) セイウチ！　もう覚えたよ！

 すごい！

ADVICE！
・同じ熟語を長い期間で実施すると、子どもたちは飽きてしまいます。1回は1～2日間程度で、数回に分けて行うようにしましょう。

熟語の読みを素早く言おう！

44 熟語シューティングゲーム

ねらい 読み方を素早く思い出す

❶熟語をタブレットに書く

ペアで熟語シューティングゲームというあそびをします。
習った漢字を使った熟語を1つ、タブレットに打ち出します。
それを、同時に見せ、相手の熟語を先に言ったほうが勝ちです。

相手の熟語を先に言ったほうが勝ちです

できるだけ、難しい熟語を選ぼう！

できるだけ、難しい熟語を選ぼう！

❷タブレットの漢字を見て、相手より先に熟語を言う

（活動後）では、となりの人と勝負です。用意、始め！

「万博」！

え〜、「標語」！
あ〜、負けてしまった。

では、前に出て代表でやりたい人？（挙手・指名）

「万博」！

え〜、「標語」！
あ〜、負けてしまった

標語

万博

ADVICE！ ・「2文字とも既に習った漢字であること」が条件です。

45 四字熟語の読み方を変えよう！
変な読み方熟語問題
ねらい 四字熟語の読み方に関心をもつ

❶四字熟語の読み方を変化させる

四字熟語を１つ決めます。その四字熟語について、わざと間違った読み方をして問題を出し合いましょう。タブレットに、間違った読み仮名と漢字のスライドをそれぞれ作ります。相手は正しい熟語になる漢字を考えます。
(活動後) では、となりの人と問題を出し合いましょう。

ふるいまひがしにし

ふるいまひがしにし。

❷変化している四字熟語の元の漢字を考える

……分かった！ 古今東西！

正解！

(活動後) みんなに問題を出せる人？ (挙手・指名)

古今東西！

正解！

ADVICE!　　・１つできた子には、複数の問題を作るように促します。

すべて当て字で作文を書こう！
46 当て字作文
ねらい 漢字の読み方に注目する

❶作文を当て字で表現する

「気納歯友達野家出下笑夢男島下。」。この文を読むことができますか？
「昨日はともだちのいえでゲームをしました」。これが当て字です。当て字というのは、漢字を意味によらず、音だけを使って言葉の表記に用いるものです。昨日あったできごとを、すべて当て字で表現してみましょう。ノートに書いてみてください。1文ができた人は、2文目を考えます。

昨日あったできごとを、すべて当て字で表現してみましょう

気納歯友達野家出下笑夢男島下。

「で」の漢字は何があったかな？

「で」の漢字は何があったかな？

❷友だちの書いた作文を読みとる

「小中我吸射多野出、著個礼戸男太部増下。」。

……「おなかがすいたのでチョコレートを食べました」？

正解！

（活動後）正しく読むことができた人？
（挙手）すごい！

「小中我吸射多野出、著個礼戸男太部増下。」

……
「おなかがすいたのでチョコレートを食べました」？

正解！

ADVICE！ ・どうしても漢字を思いつかない場合は、辞書やタブレットで調べていいことにします。

47 四字熟語にスタンプを押そう！
四字熟語スタンプ
ねらい 四字熟語の言葉に興味をもつ

❶四字熟語を選び、スタンプで隠す

スライドに、四字熟語を書きましょう。
そこに、四字熟語がギリギリ見えるくらいにそれぞれの漢字にスタンプを押して隠します。できたら、友だちに問題を出します。分からないようであれば、「もどる」ボタンでスタンプを少しずつ消して、分かるようにしてあげましょう。

この四字熟語でやってみよう！

❷隠された四字熟語が何なのかを考える

（活動後）では、となりの人と問題を出し合いましょう。

何、この字？

ヒントだよ
（スタンプを消していく）。

あ〜、「日進月歩」か！

（活動後）みんなに問題を出せる人？　（挙手・指名）

ADVICE!　・スタンプを複数重ねて押しておくと、だんだん見えてくるようなしかけになります。

48 熟語で陣地を広げよう！
熟語陣取りゲーム
ねらい 熟語の語彙を増やす

❶漢字から熟語を広げる

ペアで熟語を使った陣取りゲームを
します。1人が黒鉛筆、1人が赤鉛
筆を持ちます。ノートの中心に漢字
1文字を書いて、丸で囲みます。ジ
ャンケンに勝った人は、思いつく熟
語を四方向へと広げます。
次に、ジャンケンに負けた人が交替
して、相手の書いた漢字につなげる
ようにして熟語を作ります。同じ漢
字を使ってはいけません。思いつか
なくなったら交替です。
制限時間がきたときに、できるだけ
広い陣地を取ったほうが勝ちです。
はじめの漢字は、「道」です。

「道路」「道草」

 ジャンケンポン！

 じゃあ、私から。「道路」「道草」……。

❷より多くの熟語で埋めたほうが勝ちになる

 「草原」「草虫」「薬草」！

 （活動後）そこまでにしましょう。

 いち、にい、さん……。
やったあ、僕のほうが多い！

 （活動後）勝てた人？　（挙手）
すばらしい！　相手を、前後の人に
変えて、もう1回戦やりましょう。

「草原」「草虫」
「薬草」！

ADVICE！ ・習った漢字からスタートすると、熟語の復習になります。

熟語を用いるあそび④

49 最長熟語選手権

熟語をつなげて最長目指せ！

ねらい 熟語の意味を知り、語彙を増やす

❶キーワードに意味のある熟語をつなげる

「〇〇人間」という言葉に、熟語を加えます。
例えば、「最強人間」→「世界最強人間」というようにです。各班の共有スライドに打ち込みます。
もっとも長い熟語になった班が優勝です。
制限時間は、3分間です。

もっとも長い熟語になった班が優勝です

〇〇人間

「最高人間」

「最高寿命人間」

「最高人間」。

「最高寿命人間」。

❷より長い熟語になるように考える

(活動後) では、順番に確認しましょう。
1班から順番に、グループで声をそろえて読み上げてください。

「世界唯一最高寿命人間」！

グループで声をそろえて読み上げてください

「世界唯一最高寿命人間」！

ADVICE！ ・元になる言葉は、「大臣」「校長」「社長」「大会」「試合」「集会」などでも盛り上がります。子どもたちから募集してみるのもいいでしょう。

熟語を用いるあそび⑤

この四字熟語が一番かっこいい！
50 かっこいい四字熟語コンテスト
ねらい 四字熟語の音の響きや形に注目する

❶四字熟語を検索する

 四字熟語には、かっこいいものがあります。「全力疾走」と書かれたTシャツなどもあるくらいです。
今日は、かっこいい四字熟語コンテストをします。四字熟語を調べて、もっともかっこいいと感じた四字熟語をまとめて、タブレットに書き出してください。意味もその下に書きます。班の中でもっともかっこいいものを1つ選んでください。

かっこいいと感じた四字熟語をまとめて、タブレットに書き出してください

これ、かっこいいな〜！

威風堂々

「威風堂々」、これ、かっこいいな〜！

❷かっこいい四字熟語を読み上げながら発表する

 (活動後) では、班の中で発表しましょう。

 「魑魅魍魎」！　意味は、人に害をあたえる化け物の総称。

 こわいよ〜！

 私は、「豪華絢爛」！

 (活動後) そこまでにしましょう。共有フォルダの全員の四字熟語を見てみましょう。

「魑魅魍魎」！
意味は、人に害をあたえる化け物の総称

ADVICE！　・時間がある場合、字の背景に、四字熟語に合った写真やイラストを取り入れるようにするといいでしょう。

漢字表の中から漢字や熟語を見つけ出せ！

51 どっちが早い？

ねらい 漢字表の漢字に注目する

❶漢字表の中から漢字を見つけ出す

 となりの人との間に、漢字表（p.75～80参照）を1枚置きます。
先生が漢字を1つ言いますので、となりの人と、どちらが早く表の中から
見つけられるかを勝負しましょう。はじめの漢字は、「世界」の「世」！

 世、世、世……。

 あった！

❷指定された熟語を見つける

 （活動後）今度は、先生が熟語を言いますので、探しましょう。「使者」！

 あった！

 やられた～。

ADVICE！ ・教師が読むだけでは何の漢字か分からない場合には、黒板に書きながら
伝えるようにしましょう。

漢字表の中から漢字を見つけ出せ！

52 漢字見つけ

ねらい 漢字の形に注目する

❶漢字表の中から指定された部分を含む漢字を見つける

 ある部分が含まれている漢字を、漢字表（p.75〜80参照）の中から探して、ノートに書き出します。
はじめのテーマは、「口」です。「口」が含まれている漢字を見つけましょう。

「口」が含まれている漢字を見つけましょう

「束」には、「口」があるね

 「束」には、「口」があるね。

 「副」にもある！

❷見つけ出した漢字を発表する

 （活動後）そこまでにしましょう。何個見つけることができましたか？　（確認）
見つけた漢字を発表しましょう。（挙手・指名）

見つけた漢字を発表しましょう

「各です」　「治」です

 「各」です。

 「治」です。

 かなり多くの漢字の中に「口」が含まれていることが分かりますね。

ADVICE！　　・ほかに指定する部分は、「日」「人」「木」などが適しています。

習った漢字のどれが答え?

53 漢字スリーヒントクイズ

ねらい 漢字の特徴を捉える

❶3つのヒントから答えを考える

班対抗戦をします。
○年生で習った漢字を、ホワイトボードに1つ書いてもらいますが、その漢字のヒントを3つ出しますので、漢字表(p.75～80参照)を見ながら何の漢字なのかを当てましょう。班で相談してください。
ヒント①、9画です。
ヒント②、部首は「さんずい」です。

漢字表を見ながら何の漢字なのかを当てましょう

ヒント①、9画です。
ヒント②、部首は「さんずい」です。

「さんずい」がついている漢字か……。

❷考えた漢字を発表する

ヒント③、挨拶するときのような読み方をします。

分かったぞ!

グループごとに、ホワイトボードに答えを書いてください。合図で掲げてくださいね。さん、はい!(確認)正解は、「洋」でした!

やった～!

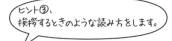
ヒント③、挨拶するときのような読み方をします。

分かったぞ!

ADVICE!　・ヒントは、「画数」「部首」「読み方」の中から、当てるのが難しい内容からやさしい内容の順番で読み上げていくのがポイントです。

拍子に合わせて漢字を読もう！

54 4拍子読み

ねらい 漢字の読み方を確認する

❶4拍子に合わせて漢字を読む

もう3年生ですから、2年生の漢字はバッチリマスターできていますよね!?
班で、手拍子4回の後に、漢字表（p.75～80参照）の漢字を読んでいきましょう。音読みでも訓読みでもいいです。

パンパンパンパン

「引」「羽」「雲」「園」！

パンパンパンパン

「遠」「何」「科」「夏」！

2年生 （パンパンパンパン）
「ひく」「はね」「くも」「えん」！

（パンパンパンパン）
「えん」「なに」「か」「なつ」！

❷分からない読み方を教え合う

（パンパンパンパン）　「いえ」「うた」、え～……何これ？

「かく」だよ！

そうか～。　「かく」「かい」！

（活動後）そこまでにしましょう。間違えずに言えた人？
（挙手）　忘れてしまっていた人は、しっかり覚え直しましょうね。

パンパンパンパン

「家」「歌」、え～……何これ？

「画」だよ！

ADVICE!　・前の学年の漢字か、全漢字を学習し終えてから自分の学年の漢字で実施します。

漢字を使って川柳を書こう！

55 漢字川柳

ねらい 漢字を川柳にまとめて使いこなす

❶4つの漢字を用いて川柳を作る

 漢字は、使い慣れてこそ、その人のものになります。今日は、使い慣れるためのあそびをしましょう。となりの人に、4つの漢字を指定します。その漢字を用いて、1つの川柳を作ります。
今日は、5年生の漢字表を見ながらやりましょう。
となりの人とジャンケンをします。勝った人から交互に問題を出します。
相手のノートに、指定する漢字を書き込んであげましょう。

 「囲」「飼」「損」「容」。

 え〜と〜。

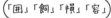「囲」「飼」「損」「容」

 え〜と〜

❷作った川柳を評価する

 できた川柳を読んで、意味が通っていれば合格です。
判定してあげてくださいね。

「飼うのは損　容器で囲めど
にげられる」！

 合格！ 交替しよう。

「飼うのは損 容器で囲めど にげられる」！
合格！
交替しよう

ADVICE! ・実施が難しい場合には、3文字など、指定する漢字の数を少なくしましょう。

年生でならうかん字 （80字）

年　　くみ　（　　　　　　　　　）

一	右	雨	円	王	音	下
火	花	貝	学	気	九	休
玉	金	空	月	犬	見	五
口	校	左	三	山	子	四
糸	字	耳	七	車	手	十
出	女	小	上	森	人	水
正	生	青	夕	石	赤	千
川	先	早	草	足	村	大
男	竹	中	虫	町	天	田
土	二	日	入	年	白	八
百	文	木	本	名	目	立
力	林	六				

2 かん字表
年生でならうかん字（160字）

年　　組　（　　　　　　　　　　）

引	羽	雲	園	遠	何	科	夏	家	歌
画	回	会	海	絵	外	角	楽	活	間
丸	岩	顔	汽	記	帰	弓	牛	魚	京
強	教	近	兄	形	計	元	言	原	戸
古	午	後	語	工	公	広	交	光	考
行	高	黄	合	谷	国	黒	今	才	細
作	算	止	市	矢	姉	思	紙	寺	自
時	室	社	弱	首	秋	週	春	書	少
場	色	食	心	新	親	図	数	西	声
星	晴	切	雪	船	線	前	組	走	多
太	体	台	地	池	知	茶	昼	長	鳥
朝	直	通	弟	店	点	電	刀	冬	当
東	答	頭	同	道	読	内	南	肉	馬
売	買	麦	半	番	父	風	分	聞	米
歩	母	方	北	毎	妹	万	明	鳴	毛
門	夜	野	友	用	曜	来	里	理	話

3 年生で習う漢字（200字）

年　組（　　　　　　　　　）

悪	安	暗	医	委	意	育	員	院	飲
運	泳	駅	央	横	屋	温	化	荷	界
開	階	寒	感	漢	館	岸	起	期	客
究	急	級	宮	球	去	橋	業	曲	局
銀	区	苦	具	君	係	軽	血	決	研
県	庫	湖	向	幸	港	号	根	祭	皿
仕	死	使	始	指	歯	詩	次	事	持
式	実	写	者	主	守	取	酒	受	州
拾	終	習	集	住	重	宿	所	暑	助
昭	消	商	章	勝	乗	植	申	身	神
真	深	進	世	整	昔	全	相	送	想
息	速	族	他	打	対	待	代	第	題
炭	短	談	着	注	柱	丁	帳	調	追
定	庭	笛	鉄	転	都	度	投	豆	島
湯	登	等	動	童	農	波	配	倍	箱
畑	発	反	坂	板	皮	悲	美	鼻	筆
氷	表	秒	病	品	負	部	服	福	物
平	返	勉	放	味	命	面	問	役	薬
由	油	有	遊	予	羊	洋	葉	陽	様
落	流	旅	両	緑	礼	列	練	路	和

4 年生で習う漢字（202字）

年　　組　（　　　　　　　　　）

愛	案	以	衣	位	茨	印	英	栄	媛
塩	岡	億	加	果	貨	課	芽	賀	改
械	害	街	各	覚	潟	完	官	管	関
観	願	挙	希	季	旗	器	機	議	求
泣	給	郡	漁	共	協	鏡	競	極	熊
訓	軍	固	群	径	景	芸	欠	結	建
健	験	埼	功	好	香	候	康	佐	差
菜	最	残	材	崎	昨	札	刷	察	参
産	散	借	氏	司	試	児	治	滋	辞
鹿	失	照	種	周	祝	順	初	松	笑
唱	焼	席	城	縄	臣	信	井	成	省
清	静	倉	積	折	節	説	浅	戦	選
然	争	単	巣	束	側	続	卒	孫	帯
隊	達	徒	置	仲	沖	兆	低	底	的
典	伝	念	努	灯	働	特	徳	栃	奈
梨	熱	不	敗	梅	博	阪	飯	飛	必
票	標	変	夫	付	府	阜	富	副	兵
別	辺	無	便	包	法	望	牧	末	満
未	民	量	約	勇	要	養	浴	利	陸
良	料		輪	類	令	冷	例	連	老
労	録								

5 漢字表
年生で習う漢字（193字）

年　組（　　　　　　　）

圧演解寄許検航妻士識招制設属停独非仏暴留
囲応格規境限鉱採支質証性絶率提任費粉脈領
移往確喜均現構際史舎象政祖損程燃備編務歴
因桜額技禁減興在志謝賞勢素貸適能評弁夢
永可刊義句故講財枝授条精総態統破貧保迷
営仮幹逆型個告罪師修状製造団堂犯布墓綿
衛価慣久経護混殺資述常税像断銅判婦報輸
易河眼旧潔効査雑飼術情責増築導版武豊余
益過紀救件厚再酸示準織績則貯得比復防容
液快基居険耕災賛似序職接測張毒肥複貿略

年　　組（　　　　　　　　　）

胃	異	遺	域	宇	映	延	沿	恩	我
灰	拡	革	閣	割	株	干	巻	看	簡
危	机	揮	貴	疑	吸	供	胸	郷	勤
筋	系	敬	警	劇	激	穴	券	絹	権
憲	源	厳	己	呼	誤	后	孝	皇	紅
降	鋼	刻	穀	骨	困	砂	座	済	裁
策	冊	蚕	至	私	姿	視	詞	誌	磁
射	捨	尺	若	樹	収	宗	就	衆	従
縦	縮	熟	純	処	署	諸	除	承	将
傷	障	蒸	針	仁	垂	推	寸	盛	聖
誠	舌	宣	専	泉	洗	染	銭	善	奏
窓	創	装	層	操	蔵	臓	存	尊	退
宅	担	探	誕	段	暖	値	宙	忠	著
庁	頂	腸	潮	賃	痛	敵	展	討	党
糖	届	難	乳	認	納	脳	派	拝	背
肺	俳	班	晩	否	批	秘	俵	腹	奮
並	陛	閉	片	補	暮	宝	訪	亡	忘
棒	枚	幕	密	盟	模	訳	郵	優	預
幼	欲	翌	乱	卵	覧	裏	律	臨	朗
論									

56 リズムよく漢字を読み上げよう！
漢字リピート
ねらい 漢字の読み方を覚える

❶教師の後に続いて読み上げる

 漢字の例文表（p.86〜91参照）を、先生の後に続いて読んでいきましょう。
「一年生が　げん気です。」！

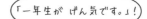
「一年生が　げん気です。」！

「一年生が　げん気です。」！

「一年生が　げん気です。」！

「学校では　字を学ぶ。」！

「学校では　字を学ぶ。」！

❷友だちの後に続いて読み上げる

では、１文ずつ続けて代表者の人に読んでもらいます。
その１文をみんなで読んだら、その後ろの人が代表となって次の１文を読みます。ではまず、代表はAくんから。

「青い空には　白い雲。」！

「青い空には　白いくも。」！

「青い空には　白いくも。」！

「青い空には　白い雲。」！

「山からのぼった　名月だ。」！

「山からのぼった　名月だ。」！

（活動後）読み方を覚えた文は、読み仮名を鉛筆で塗りつぶしていきます。

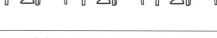

ADVICE!

・漢字の例文表は、漢字ドリルや漢字ノートなどに貼り付けます。必要と感じられる学年までさかのぼって実施します。例えば、5年生に対して、3年生、4年生の漢字の読み練習を行うイメージです。

全員で声をそろえて漢字を読もう！

57 全員読み

ねらい 漢字の読み方を確認する

❶全員で声をそろえて読み上げる

 全員で声をそろえて漢字の例文表 (p.86〜91参照) を読みます。さん、はい。

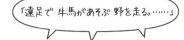「遠足で 牛馬があそぶ 野を走る。……」

「遠足で 牛馬があそぶ 野を走る。妹と姉がいる 京との茶店。」！

❷ズレたところを修正する

「春夏秋冬で 花を楽しむ。」！

 はい、ストップ。読み方は、「しゅんかしゅうとう」ですよ。間違えている人がいます。もう1回、そこから読みましょう。

「春夏秋冬で 花を楽しむ。弓引いて 矢羽が風切る 里の寺。」。

 はい、ストップ。読み方は、「しゅんかしゅうとう」ですよ

「春夏秋冬で 花を楽しむ。……」

（活動後）最後まで間違えずに読めた人？（挙手）すばらしい。

ADVICE! ・声が小さくなる部分や、全体的にズレて聞こえる部分は、間違っている可能性があるため、やり直して読みます。

58 班そろえ読み

班でぴったりそろえて読もう！

ねらい 漢字の読み方を覚える

❶班でそろえて読み上げる

班でそろって読めるように練習します。今日は、漢字の例文表（p.86～91参照）の番号①～⑩までを、そろえて読み上げましょう。
できるだけはやく、間違えずに読めるように練習します。

「歯科医院　真横に曲がれば　薬屋だ。……」

「歯科医院　真横に曲がれば　薬屋だ。屋内の　温水プールで　水泳世界新。……」！

❷班の中で読み方を確認する

では、時間を計ってみましょう。
10秒以内で読めたらすごいですね。用意、始め！

「歯科医院　真横に曲がれば　薬屋だ。屋内の　温水プールで　水泳世界新。……」！

（活動後）10秒以内で読めた班？
（挙手）

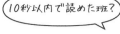

10秒以内で読めた班？

はい！

はい！

00:12

すばらしいですね！

ADVICE！　・例文表で指定する箇所を毎回変えるようにして、漢字をまんべんなく読めるようにしていきます。

いつもと逆にそろえて読もう！
59 逆読み
ねらい 漢字の読み方を覚えきる

❶逆から読み上げる

 今日は、漢字の例文表（p.86〜91参照）を後ろから順番に読んでいきます。「初試験　愛媛のみかんで　お祝いだ。」！

「初試験　愛媛のみかんで　お祝いだ。」！

 「初試験　愛媛のみかんで　お祝いだ。」！

 「連続で　好景気だよ　福井県。」！

「連続で　好景気だよ　福井県。」！

❷読み方を再確認する

 では、1人1文ずつ読んでいきましょう。みなさんは、その後に続いて読みます。

「群馬県　野菜がおいしい　みんな好き。」！

 「群馬県　野菜がおいしい　みんな好き。」！

「岐阜県で　木管楽器を　かなでよう。」！

「岐阜県で　木管楽器を　かなでよう。」！

 （活動後）読むのが難しかった漢字に注意しましょうね。

ADVICE！・後ろから順番に読むことで、読み方の怪しい漢字に気付くことができます。その気付きを大切にできるように声かけをしましょう。

素早く漢字を読み上げよう！

60 読み上げスピード選手権

ねらい 漢字の読み方を覚える

❶1人ではやく読めるように練習する

今日は、1人で漢字の例文表（p.86〜91参照）の番号①〜⑳を読みます。できるだけはやく読めるように、まずは各自で練習しましょう。

「葉桜は　一枝だけでも　美容液。測量だ　航海に行けば参加賞。ずい分と　支出が減ったぞ　過去と現在。……」！

「葉桜は　一枝だけでも美容液。」
「測量だ　航海に行けば参加賞。」

❷1人で読み上げるタイムを計る

では、タイムを計ります。20秒で全文読めるとすごいですね。では、用意、始め！

「葉桜は　一枝だけでも　美容液。測量だ　航海に行けば参加賞。ずい分と　支出が減ったぞ　過去と現在。……」！終わった〜！

（活動後）20秒以内に読むことができた人？
（挙手）すばらしい！
読み上げたタイムを、紙の端に書いておきましょう。

20秒以内に読むことができた人？
はい！
00:24

ADVICE!
・同じ活動を、1週間程度続けて実施します。毎回記録を紙に書き残します。「前回のタイムより縮んだ人？」というように成長を確認しましょう。
・早く読み終えた人には、2周目を読むように促します。

●１年生でならうかん字のれい文 ①〜㉚

年　　くみ（　　　　　　　　）

⑮ 十一月十五日が　七五三。

⑭ 子犬が大すきな　王子さま。

⑬ 大雨の音は　音がくだ。

⑫ 小石の下には　小さな虫。

⑪ 男子・女子　みんなでなかよし。

⑩ 空気がきれいな　森林だ。

⑨ ろう下では　左右を見よう。

⑧ 花だんにさいている　赤い花。

⑦ 正月にお年玉が　千円だ。

⑥ 土ようと日よう　休日だ。

⑤ 小川の中では　水あそび。

④ 山からのぼった　名月だ。

③ 青い空には　白いくも。

② 学校では　字を学ぶ。

① 一年生が　げん気です。

㉚ 早ちょうに　町中へいく。

㉙ 天の上には　円い月。

㉘ 二人ならんで　立っておく。

㉗ 一人でかけたぞ　さく文が。

㉖ 入学しきが　九日だ。

㉕ 花火の音で　目を上げる。

㉔ 夕空に金せい　見つけたよ。

㉓ 木の下で　え本をよんだ。

㉒ 二四六八と　竹をかぞえる。

㉑ 村の田はたで　草むしり。

⑳ 百人で　力をあわせる。

⑲ 糸車　右手でまいた　白い糸。

⑱ 早口の　口ちょうになる。

⑰ 耳に貝あて　音をきく。

⑯ 先生の足が　先に出る。

おぼえたかん字のよみがなは、えんぴつでぬりつぶしましょう。

年　　組　（　　　　　　　　　　）

① 遠足で　牛馬があそぶ　野を走る。

② 妹と姉がいる　京との茶店。

③ 春夏秋冬で　花を楽しむ。

④ 弓引いて　矢羽が風切る　里の寺。

⑤ 教室で　何回も読む　国語の本。

⑥ 台風だけど　兄弟で　元気に会社へ。

⑦ 内海を　東西南北　汽船ですすむ。

⑧ 絵日記だ　母親の顔に　細い首。

⑨ 朝会で　週番より　通知がとどく。

⑩ 弱い風　家の外へ　車を止める。

⑪ 雲間から　強い光が　門の形に。

⑫ 日曜の午後　昼食会で　歌いましょう。

⑬ 晴れた高原　黄色に光った　麦の海。

⑭ 黒い雲　走って帰るよ　近い道。

⑮ 公園の友は　新聞紙を　丸めて刀に。

⑯ 谷の雪　鳥鳴く岩場を　そっと行く。

⑰ 自分から　やろう毎日　計算を。

⑱ 毛がわきて　魚を売る声　交じる朝市。

⑲ 米と肉　買って来ようか　父が言う。

⑳ 画用紙に　思い出書いた　少年の夜。

㉑ 明るい星　線引き作るよ　しん話の絵。

㉒ 図書室で　一万ページも　読書する。

㉓ 今やるよ　二人で一組　体力作り。

㉔ 古戸鳴り　こわい話で　かん電池。

㉕ 天才が　考え出したよ　半歩も歩めず。

㉖ 生活科は　頭と心で　体当たり。

㉗ 四つの点　直角もあるよ　長方形。

㉘ 合しゅう国は　土地が広くて　人多い。

㉙ 工場に　丸太で作った　ちょう理台。

㉚ 同じ数　同時に答えて　前へ出る。

おぼえたかん字の読みがなは、えんぴつでぬりつぶしましょう。

年　　組　（　　　　　　　）

① 歯科医院　真横に曲がれば　薬屋だ。

② 屋内の　温水プールで　水泳世界新。

③ 列車着き　駅員発車の　笛ふいた。

④ 陽気だな　水神祭りの　九州旅行。

⑤ その昔　君主の時代に　定めた都。

⑥ 帳面へ　筆で写して　詩の暗しょう。

⑦ 美化係が　整理整とん　学級文庫。

⑧ 始業式　放送委員が　開会式。

⑨ 県部局　決意を発表。

⑩ 両親は　人一倍の　安全第一。

⑪ 校庭の　遊具で転んで　鼻血出る。

⑫ 死をまねく　飲酒運転は　追放だ。

⑬ 重病の　命を助ける　中央病院。

⑭ 死守してほしい　期待の登板。

⑮ 先取点　速く投げたが　消えた打球。

⑯ 勝負あり　申しわけないので　畑仕事。

⑰ 悪事ばれ　苦しい坂道で　悲鳴を上げる。

⑱ 荷が重く　平和と平等の　理想を持つ。

⑲ 昭和では　商品を　急いで箱づめ　手配した。

⑳ 息を飲む　湖の岸に　有名な植物。

㉑ 家族とは　対話で交流　幸福の時。

㉒ 宿題の　自由研究で　調べる漢字。

㉓ 他人から　短所と注意　相談される。

㉔ 二階部屋　水銀柱を見た　暑い夏。

㉕ 指定受け　急行に乗る　一号車の客。

㉖ 去年から　習字の勉強を　始めた。

㉗ 鉄橋に　向かって進むと　落葉の谷。

㉘ 起きてすぐ　寒さを感じる　港の住人。

㉙ 文章の　作者を問いかける　練習問題。

㉚ 農作業の　豆が実れと　根元に土よせ。

㉛ 太平洋　電波を使って　深度をはかる。

㉜ 湯であらおう　油を注いだ　軽い皿。

㉝ 宮前区六丁目は　じ童の通学路。

㉞ 半島の　役場の次が　終点の駅。

㉟ 氷上の　動く様子は　予想外。

㊱ 反対へ　寒さにたえた　羊毛の服。

㊲ 拾ったよ　返す毛皮の　落とし物。

㊳ 炭でやく　緑の野さいは　夏の味。

㊴ 全身の　力を集めて　十秒走る。

㊵ 朝礼後　朝の勉強　開始した。

おぼえた漢字の読みがなは、えん筆でぬりつぶしましょう。

年　　　組　（　　　　　　　　）

⑳ 福岡の 天候順調 種発芽。
⑲ 静岡の 浅い清流 冷水浴びる。
⑱ 競争だ 学芸会で 松竹梅。
⑰ 大変だ 市民共有の 倉焼失。
⑯ 海底は どうも固いし 位置深い。
⑮ 熱戦だ 最高記録で 的当てる。
⑭ 求人票 仲間が必要 昨年末。
⑬ 給料不満 協議で特例 労働法。
⑫ 初孫は 三輪車で 右側右折。
⑪ 海辺での 笑いあふれる 沖縄県。
⑩ 伝達せよ 陸軍そろって 旗をふる。
⑨ 勇気ある 功名残した 徳川氏。
⑧ 訓練で 敗残兵に 説明する。
⑦ 鹿児島は 卒業式で 合唱だ。
⑥ 新潟は 周辺がすごく 便利だよ。
⑤ 愛児達 欠席するのは 無念だな。
④ 金貨だぞ 億の単位で もうかった。
③ 包帯が 飛散している どうしよう。
② 山梨県 季節の果物 おいしいな。
① 北極隊は 埼玉県で 健康観察。

㊵ 初試験 愛媛のみかんで お祝いだ。
㊴ 連続で 好景気だよ 福井県。
㊳ 群馬県 野菜がおいしい みんな好き。
㊲ 岐阜県で 木管楽器を かなでよう。
㊱ なぜだろう 目覚めてみれば 富山県。
㉟ 未知の自然 熊本県は 落ち着くね。
㉞ 栃木県 巣の付近まで 行ってみよう。
㉝ 街灯が らんらんと照る 香川県。
㉜ 滋賀と奈良 イベントあるよ 参加希望。
㉛ 塩害で 札束印刷 約一兆。
㉚ 英辞典 努力は各課題 以前から。
㉙ 牧しとね 司祭は 実は信徒です。
㉘ 案内が 必然となる 佐賀と長崎。
㉗ 郡長官は 建せつ省の 副大臣。
㉖ 万博で 結束するよ 大阪府。
㉕ 種類別 衣服の借用 願います。
㉔ 手鏡の 直径で学ぶ 和差積商。
㉓ 茨城で 機械改良 量産しよう。
㉒ みんな泣く 選挙の標語は 未完成。
㉑ 老漁夫の 関節が完治 良かったね。

覚えた漢字の読みがなは、えん筆でぬりつぶしましょう。

年　　組（　　　　　　　）

① 葉桜は一枝だけでも美容液。
② 測量だ航海に行けば参加賞。
③ ずい分と支出が減ったぞ過去と現在。
④ 個人での成績がわかる修りょう証。
⑤ 寄宿舎は快適すぎるぞ新築だ。
⑥ 混雑する評判のよい独演会。
⑦ 幹部達態度はどうだ非常識。
⑧ 災害だ導線つくる経営責任者。
⑨ 暴風雨限定絶賛の保険を使う。
⑩ 質問を採用したら総理が述べる。
⑪ 眼球は精みつだから再検査。
⑫ 永久に減税するよ財政案。
⑬ 軍勢の任務は防衛戦は進む。
⑭ 得票の報告受けて当確出る。
⑮ 留学で招待された交際費。
⑯ 情報の提示はちょっとで逆効果。
⑰ 貧血の象救命でかん境保全。
⑱ 同志達旧師におくる感謝状。
⑲ お似合いだ夫婦で行くぞ紀行文。
⑳ 貿易で輸出損益増えていく。

㉑ 仮設住居応接間が移転する。
㉒ 犯人は潔白なんだ正義感。
㉓ 布を織る職人の綿準備する。
㉔ 条件は複雑だけど可能性あり。
㉕ 余興では句会が開かれ妻が夢中。
㉖ 酸素燃焼圧力比をみる習慣化。
㉗ 平均で確率を測る方程式。
㉘ 肥料はね飼料になるんだ粉団子。
㉙ 故きょうの歴史資料を編集授業中。
㉚ 迷路行く順序はどうやら型破り。
㉛ 貯金はね貸借したら基本額。
㉜ 週刊し武士毒殺で脈停止。
㉝ 構造は略図でできてる技術的。
㉞ 規制許可厚労省が主張する。
㉟ 講堂の往復を解禁したのは仏像はなんと金属製。
㊱ ご先祖が喜ぶ原因墓参り。
㊲ 低価格周囲は鉱山銅豊富。
㊳ 反則で断罪される弁護人。
㊴ 大統領耕作を指導決定版。

覚えた漢字の読みがなは、えん筆でぬりつぶしましょう。

年　　組　（　　　　　　　）

① 宣伝だ 民衆が行くよ 展覧会。
② 署長達 厳しく善悪 批判する。
③ 子供がね 尊敬している 裁判官。
④ 黒潮は 灰色なのか 我疑問。
⑤ 毒舌だ 退場してくれ 土俵際。
⑥ 素晴らしい 著者も認める 将来性。
⑦ 内閣の 憲法法律 専門誌。
⑧ 穀物を 除草するのは 対処班。
⑨ 温泉だ どうして看板 裏返し。
⑩ 洗車する 担当なぜか 窓開閉。
⑪ 片道の 運賃支はらう 蒸気船。
⑫ 操縦は 簡単口承で 宇宙船。
⑬ 翌日に 延期で照らす 反射光選手権。
⑭ 蚕卵の 幼虫で絹を 染色だ。
⑮ 朗読で 円熟している 名俳優。
⑯ 推測は 誤算だったよ 改革派。
⑰ 針葉樹林 源流域は 岩穴だ。
⑱ 純金は 至宝なんだよ 棒磁石。
⑲ 縮尺を 拡大させる 垂直線。
⑳ 脳と胸 胃腸と肺も 臓器です。

㉑ 大規模の 割引銭湯 創業する。
㉒ 聖人が 訳してくれた 宗教書。
㉓ 傷激痛 呼吸は困難 山の頂上。
㉔ 座席にて 腹筋きたえる 映画館。
㉕ 寸劇の 衣装にかける 約十枚。
㉖ 諸外国 経済政策 臨時会。
㉗ 郵政の 異郷を探訪 皇后陛下。
㉘ 金の遺産 値段は秘密だ 小冊子。
㉙ 砂糖並盛り 紅茶飲むのは 貴族の家系。
㉚ 忘年会 自宅の暖ぼう 故障中。
㉛ 背骨の太い 乳児が誕生 出生届。
㉜ 仁と孝 忠誠つくして 恩に着る。
㉝ 拝む姿勢で 補佐に就任 警視庁。
㉞ 乱雑危険 党首討論 賛否問う。
㉟ 株券を 預け利己捨て 通勤に従事。
㊱ 学習机 私蔵の収納に 絵巻物。
㊲ 作詞に演奏 指揮者のせいで 株下降。
㊳ 鉄鋼業 意欲を発奮 若年層。
㊴ 今晩の 沿岸千潮 時刻表。
㊵ 敵同盟 幕府の存亡 年の暮れ。

覚えた漢字の読みがなは、えん筆でぬりつぶしましょう。

COLUMN 4

常用漢字の重要性

　最近は、文字を入力してパソコンやスマホで検索すると、すぐに漢字変換されます。そうなると、子どもの中には「読み書きなんてできなくたって、かまわないんじゃないの？　打ち込めばいいんだから……」などという考えも出てくることでしょう。しかしながら、学校で習う漢字は、ある意味「特別」な漢字です。小・中学校で習う漢字は、できる限りすべて覚えきって義務教育を終えてもらいたいものです。

　漢字は、数多く存在します。10万以上にもなるといわれていますが、実際には、それほど多く使われるわけではありません。日常的な日本語を書き表すために用いられる漢字は、だいたい3000〜4000字くらいだろうといわれています。特に、役所で作成されている公文書や新聞に関していえば、「常用漢字」を用いることになっています。用いられる漢字は、常用漢字の総数2136字ということに定められています。

　常用漢字というのは、「法令、公用文書、新聞、雑誌、放送など、一般社会において、現代の国語を書き表す場合の漢字使用の目安」とされています。

　「法令、公用文書、新聞」では、この表に掲げられた「常用漢字」の範囲内で漢字を使うのが原則なのです。それ以外の漢字を用いる場合には、フリガナを付けるか、仮名書きにするなどの対応がとられます。このため、公文書を作成する人や、新聞社の校閲部員は、「常用漢字表」を頭に入れて日々の仕事をしなければならないのです。

　常用漢字は、そのすべてを小・中学校で習います。小学校では1026字、中学校では1110字、合わせて2136字の常用漢字を習うことになっています。

　つまり、小・中学校で習う漢字は、「覚えても覚えなくてもどっちでもいい」という類のものではないのです。知っていなければ、新聞も読めないし、公用文書も理解することができなくなってしまう。生きていく上で、非常に困ることになってしまうわけです。

　漢字の学習の際には、この「常用漢字」の存在を子どもたちに伝えれば、学ぶことの意義が理解できるのではないでしょうか。

Chapter

4

ドリルを使う
漢字あそび

小学校では、漢字ドリルを
ほとんど毎日使います。
漢字ドリルを用いた
効果的な学習方法を、
あそびとして取り入れてみましょう。

61 漢字ドリル音読

何周続けて読めるかな?

ねらい 漢字ドリルの漢字の読み方に慣れ親しむ

❶漢字ドリルの例文を音読する

漢字ドリルの漢字の音・訓読み、熟語、例文を読みます。
できた人は、2周目、3周目を読みましょう。
制限時間は、2分間です。用意、始め!

「はん、ほん、だん、そる、
そらす……」。

「い反、反省、反対、反動、
反発、反り身、反省文を書
く。……」。

「はん、ほん、だん、
そる、そらす……」

「い反、反省、反対、
反動……」

❷どこまで読めたかを確認する

(活動後) そこまでにしましょ
う。どこまで読むことができ
ましたか?
1周目の人?　2周目の人?
3周目の人?
すごいですね!

どこまで読むことが
できましたか?
2周目の人?

ADVICE!

・漢字ドリルの音読は、制限時間を記入するようにします。ドリルの端に記入
するか、用紙を配付してドリル巻末などに貼っておくといいでしょう。
・2回目以降は、「前回の記録を超えられた人?」というように確認するとい
いでしょう。

塗りつぶして読み仮名言えるかな？

62 塗りつぶし音読

ねらい 漢字ドリルの漢字の読み方を覚える

❶漢字ドリルの読み仮名を塗りつぶす

 漢字ドリルの中で、読める漢字の読み仮名部分は鉛筆で塗りつぶします。
その状態で、漢字の音・訓読み、熟語、例文を読みます。
読む練習をしてみましょう。

 「たい、つい」。

「ぜっ対、対岸、対決」。
よし、全部読めるぞ！
消していこう。

「ぜっ対、対岸、対決」。
よし、全部読めるぞ！
消していこう

❷教師が確認する

 読み仮名を全部消した人
で、自信のある人は、先生
のところに言いにきてくだ
さい。

 先生、聞いてください。
「対戦、対立、対話……」！

 (活動後) 合格！

「対戦、対立、
対話……」！

合格！

ADVICE! ・合格した人には、ドリルにシールを貼るなどすると、子どもたちのモチベー
ションがさらに高まります。

63 班読みリレー

班でそろえて音読しよう！

ねらい 漢字ドリルの漢字の読み方を確認する

❶班で漢字ドリルの例文を音読する

 漢字ドリルの「読む」のページを、班で１文ずつリレー形式で読みます。
①〜⑩の文です。どれだけ早く読めるか勝負です。
では、練習しましょう。

 「新聞を編集する」。

 「毛糸で編む」。

❷タイムを計る

 では、タイムをテレビに映し出していますので、
何秒で読めるかチャレンジしてみてください。
用意、始め！

 「話の内容」。

 「経済について学ぶ」。

 終わった！ ９秒だ！

 （活動後）何秒で読むことが
できましたか？
10秒の班？ ９秒？ ８秒？
７秒？ （挙手） すごい！

ADVICE! ・班でリレーすることにより、熟語の読み方を覚えられるように促します。

この漢字は、何て読む？ 読み方バトル

ねらい 漢字ドリルの漢字を素早く読めるようになる

❶読み方を出題する

 漢字は、一通りだけの読み方ではありません。
様々な読み方ができなくてはいけません。
となりの人と、そのページの中の熟語の読み方を言い合いましょう。
問題を出す人は、下敷きなどで、読み仮名を隠して出題します。
1分間、同じ人が続けて出してください。

 この熟語（「展開図」）。

 「てんかいず」？

❷役割を交替する

 1分たちました。交替しましょう。

 はい、この熟語（「大安」）。

 「おおやす」？

 「だいあん」（または、「たいあん」）だよ。

 （活動後）はい、そこまで。
答えられなかった熟語には、印を
つけておきましょう。その漢字の
読み方を覚えることが、自分の課
題ということですね。

ADVICE！ ・熟語のページ、もしくは文のページなど、読み仮名の載っていないページが
あれば、そこを活用しましょう。

読み方、全部言えるかな？

65 読み方バリエーション

ねらい 漢字の様々な読み方を知る

❶漢字の読み方を全部答える

> 漢字は、１種類の読み方ができればいいのではありません。
> １つの漢字でも、様々な読み方があります。
> 教科書巻末の漢字一覧のページを開いて、となりの人とジャンケンしましょう。勝った人は、１文字を指さします。負けた人は、その読み方を５秒以内に答えます。

じゃあ、これ（「太」）。

「ふとい」だ！

まだあるよ。

じゃあ、これ（「太」）

「ふとい」だ！

まだあるよ

❷交替して出題する

分からない……。

「た」から始まるよ。

「たい」！

正解！　交替しよう。

「た」から始まるよ

「たい」！

正解！

ADVICE! ・問題を出す人は、１文字を指さしながら、読み方を隠すようにします。

66 空書きのバリエーションで楽しもう！
目つむり空書き

ねらい 漢字の書き順を覚える

❶教師の指示に合わせて空書きする

 手のひらで空書きをします。
さん、はい。

 < い〜ち、に〜い……。

 今度は、指です。

 < い〜ち、に〜い……。

 さん、はい

 い〜ち、に〜い……

❷さらに様々な書き方をする

 次は、目を閉じて空書きをします。
さん、はい。

 < い〜ち、に〜い……。

 間違えている人が、３人い
ますね。ではもう一度、目を
開いて空書きしましょう。
さん、はい！

 < い〜ち、に〜い……。

目を閉じて空書きを
します。
さん、はい

い〜ち、に〜い…

間違えている人が、
３人いますね

ADVICE！
・教師は子どもと逆向きに書くことができるように練習しましょう。
・顎、目玉、肘、頭、鼻、耳、足などの部分でも書くことができます。

67 この漢字を書いてみて！
ペアで確認
ねらい 漢字を正しく書けるようになる

❶ペアで漢字の確認をする

友だちに漢字の問題を出しましょう。出された人は、空書きをします。
それを見て、間違っていたり、止まったりするようであれば、漢字ドリル
の漢字の上にチェックをつけてあげてください。

じゃあ、「以」！

いち、にい……。

じゃあ、「以」！

いち、にい……

❷交替して出題する

「城」！

えーっと……？

書けていない。
チェックをつけておくよ！

（活動後）そこまでにしましょ
う。覚えられていると思って
いても、案外と分からなくなっ
ているものですね。
チェックをつけてもらった漢
字は、復習しておきましょう。

「城」！
えーっと……？
チェックを
つけておくよ！

ADVICE! ・学期の途中では学習中の漢字を、学期末であれば全漢字を範囲とします。

空書き、間違えずにできるかな？
68 漢字空書き選手権
ねらい 漢字を覚えることができているか確認する

❶指定された漢字を全員で空書きする

 先生が言う漢字を空書きしましょう。書き順を全員でそろえて言います。分からなかったり、間違えてしまったりしたら、座ります。座ってからも練習を続けましょう。では、第1問！ 「借」！ さん、はい。

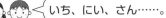 いち、にい、さん……。

 あっ、間違えちゃった〜。

 第1問！「借」！さん、はい

 いち、にい、さん……

あっ、間違えちゃった〜

❷次々と漢字を指定する

 次の漢字は、「失」！

 いち、にい……。

 よし、書けた！

 （活動後）まだ立っている5人の人に拍手！
まだまだ、漢字をマスターできていませんね。
しっかりと漢字の勉強を続けましょう。

 まだ立っている5人の人に拍手！

ADVICE! ・このあそびを通して、「覚えきれていない漢字がある」と子どもに自覚させることが重要です。

書ききってしまったらアウトになる！

書ききりドカン

ねらい 漢字の書き順を確認する

❶ペアで交互に漢字を書く

 ペアで漢字を交互に書きましょう。３画まで続けて書くことができます。
最後まで書ききってしまったほうがアウトです。
今習っている漢字の中から選んでやってみましょう。

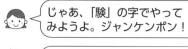 じゃあ、「験」の字でやって
みようよ。ジャンケンポン！

じゃあ、２画書こう！

ジャンケンポン！

じゃあ、2画
書こう！

❷最後まで書ききってしまうとアウトになる

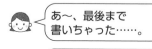 あ〜、最後まで
書いちゃった……。

 僕の勝ちだね！
もう１回やろうよ。今度は、
「滋」の漢字にしよう。

あ〜、最後まで
書いちゃった……

僕の勝ちだね！

ADVICE！ ・できるだけ画数の多い漢字を書くように促します。

空書き審査を一緒にしよう！

70 空書き審査会

ねらい いろいろな漢字の書き方を確認する

❶漢字を指定して相手の空書きを見る

 教室内を歩き回って、○ページの漢字ドリルの漢字の問題を出し合いましょう。
空書きして、合格をもらえたら１ポイントです。３ポイント以上になれば合格です。制限時間は、４分間です。

じゃあ、「無」

いち、にい……

 一緒にやろうよ。じゃあ、「無」。

 いち、にい……。

❷交替して見る

 合格！

 やった～！　じゃあ、次は私が出すね。「功」。

合格！

やった～！
じゃあ、次は
私が出すね

 （活動後）そこまでにしましょう。３ポイント以上になった人？
（挙手）

 は～い！

 すばらしい！
間違えた漢字は、しっかりと見直しておきましょうね。

ADVICE！
・相手を見つけられない子どもには、教師が問題を出します。
・相手が見つからない場合、手を挙げていると見つけやすくなることをアドバイスしましょう。

71 ひらがな漢字

ひらがなの字を漢字にしよう！

ねらい テストの残り時間で漢字練習をする

❶テストのひらがなの字を漢字にする

 テストに書かれているひらがなで、漢字で書ける字があれば、その字を鉛筆で線を引いて消し、その横に漢字を書きましょう。

 この字は、漢字にできるな～。

この字は、漢字にできるな～

ライオンは、昼寝かいねをしていました。

❷採点の際に漢字にも丸をする

 Aくんは、テストの問題に加えて、9つもひらがなを漢字にしていました。

 すごい！ Aくん、漢字をたくさん知ってるんだね！

 えへへ～。

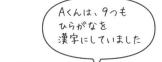
Aくんは、9つもひらがなを漢字にしていました

えへへ～

すごい！

ADVICE! ・特に文章にひらがなの多い低学年に有効な指導法です。

漢字ドリルで漢字を書くあそび②

みんなで漢字テストをしよう！

72 漢字ドリル難問テスト

ねらい 漢字ドリルの書けない漢字に気付く

❶代表者が黒板に問題を書く

 漢字ドリルの中から、「これは読めないだろうな」と思う漢字を選んで出題してください。黒板に書いてくれる人？（挙手・指名）
では、その人たちは、黒板に読み仮名を書きにきてください。
ほかの人たちは、その問題の答えをノートに書きましょう。

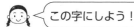 この字にしよう！

 よし、書けそうだ！

❷答え合わせをする

 （活動後）では、答え合わせをしましょう。問題を書いた人は、答えを書きに行ってください。みなさんは、自分で丸つけをしましょう。

 あっ、間違えてた……。

 間違えた漢字には、チェックをつけておきましょうね。

ADVICE！
・教師は、黒板に「番号だけ」を書いておくと、子どもがその下に書くのでスムーズに進みます。
・「今週習った漢字」や「今学期に習った漢字」など、範囲を指定して行います。

制限時間まで書き尽くそう！

73 漢字ドリル耳無し芳一

ねらい 制限時間内で漢字を多く練習する

❶制限時間まで漢字ドリルを書き続ける

 7分間で、今日習った漢字を練習していきます。
終わった人は、空いているところに漢字を書きましょう。
漢字を書いてもいいですし、載っている熟語を書いてもかまいません。
時間内で、どれだけ書くことができるかな。用意、始め！

よし、終わった。
たくさん書くぞ！

よし、終わった。
たくさん書くぞ！

❷何文字書けたかを確認する

 (活動後) そこまでにしましょう。
いくつくらい書けましたか？ 5つくらいの人？
10くらいの人？ 20くらいの人？
かぞえきれないくらい書いた人？ (挙手)

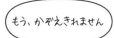
もう、かぞえきれません

 はい！ もう、かぞえきれません。

 すごい！

ADVICE !
・昔話「耳なし芳一」の話を簡単に話して聞かせて、「スキマなく書くことができるとすごいですね！」というように意欲づけてみてもいいでしょう。
・同じ漢字を書くのではなく、習った漢字をまんべんなく書いて練習するように促しましょう。

どんな熟語があるのかな？

74 熟語検索

ねらい 熟語を検索して語彙を増やす

❶タブレットで熟語を検索する

 漢字の練習が終わった人は、タブレットで熟語を検索しましょう。
「その言葉　熟語」で検索すると出てきます。
漢字ドリルに書き加えていきましょう。

策　熟語

たくさんの熟語があるんだな〜

たくさんの熟語があるんだな〜。

❷見つけた熟語を伝え合う

 （活動後）そこまでにしましょう。
見つけた熟語を班の人と伝え合いましょう。

 「策応、策士、策戦、策定、策動……」。

 すごい！

「策応、策士、策戦、策定、策動が……」

すごい！

ADVICE! ・三字熟語、四字熟語なども取り上げて、漢字への関心をもたせるようにします。

75 新しいことわざ、発見しよう！
ことわざ検索

ねらい 漢字を用いたことわざを検索して語彙を増やす

❶タブレットでことわざを検索する

 漢字の練習が終わった人は、タブレットでことわざを検索しましょう。
「その漢字　ことわざ」で検索すると出てきます。
漢字ドリルに書き加えていきましょう。

 たくさん出てきた！

❷見つけたことわざを伝え合う

 （活動後）そこまでにしましょう。
見つけたことわざを班の人と伝え合いましょう。

 「大欲は無欲に似たり」。

どういう意味なの？

ADVICE！
・慣用句も合わせて書いていくようにします。
・あそび73〜75を織り交ぜて、漢字練習が終わった子どもから、自分なりの方法で取り組めるようにするといいでしょう。

漢字ドリルでテストするあそび①

76 書ける人は、さらなるチャレンジ！
小テストにプラス5問
ねらい 覚えきれていない漢字に気付く

❶小テストに5問を追加する

 小テストをします。もしも、早く終わった人は、黒板にプラス5問の読み仮名を書いているので、これを漢字にしてみましょう。

 よし、小テスト終わり。挑戦してみよう！

❷5問の誤りを確認する

 (活動後) では、ペアで答え合わせをします。プラス5問にチャレンジした人の分も、丸をつけてあげてください。

 これ、間違えているよ。

 あっ。……まだ覚えることができていない漢字があるんだな～。

ADVICE! ・プラス5問は、やっていてもいなくても自由です。ねらいは、100点をとることができるような子どもにとって、「まだ覚えることができていない熟語がある」と感じさせ、意欲をもたせることです。

自分たちで漢字テストを作っちゃおう！

スライド漢字テスト

ねらい 漢字テストを作って漢字の定着を図る

❶スライドに漢字テストを作成する

漢字の練習が早く終わった人は、共有スライドに漢字テストを作成しましょう。「読み→漢字」の順でスライドを作ります。
終わった人は、上のスライドから順に見て、指書きして、書けるかどうかを確かめます。ノートに書き出してもいいですよ。

この熟語を問題にしてみよう！

よし、終わり。スライド用の漢字テストを作ろう！

この熟語を問題にしてみよう！

❷漢字テストの答えを考える

けっこう難しいな〜。

あっ、間違えた〜。

一通り行った人は、読みにも挑戦しましょう。
下から上にさかのぼるようにスライドを見て、読むことができているかどうかを確かめるのです。

けっこう難しいな〜　あっ、間違えた〜

にっし　日誌

ADVICE！　・この問題をためておくと、学期末の漢字テスト対策に用いることができます。

78 班の中で漢字テスト！
班内漢字テスト
ねらい 班内で漢字の定着を確認する

❶班内で漢字テストを行う

 班で漢字テストをしましょう。１人が出題者で、熟語の読み仮名を言い、ほかの人はその漢字を書きます。出題者は、丸つけをしてあげてください。書けなかったら、覚えられていないのですから、漢字ドリルにチェックをつけておきましょう。

 まずは、「すばこ」！

 書けた！

❷班で答え合わせをする

 (活動後) では、班でペアになって問題を出し合います。

 丸つけをするね！　(活動後)
Aくん、間違っていたよ。

 ああっ。

 次は私が出題者。じゃあ、「そうこ」！

 どんな漢字だったかな〜？

 (活動後) そこまでにしましょう。
１つ書けたからといって、全部をマスターできているわけではありません。
書けなかった熟語を、さらに見直すようにしましょうね。

ADVICE!　・活動時間は、5〜10分間ほどとるようにします。

書けるかどうかを付箋でチェック！

79 付箋チェック

ねらい 漢字の習得度合を可視化する

❶付箋を配付する

これで、○学期に学ぶ一通りの漢字を学習しました。
漢字小テストのページを開きましょう。
自分で指書きでテストした後、下の漢字を見ながら１人で答え合わせをします。書くことができなかったり、分からなかったりする漢字には、付箋を貼ります。班長は付箋を取りにきてください。

「しをよむ」。

「じめんがぬれる」。
……「めん」って、どんな漢字だったかな～？

❷付箋をはがしていく

そうか～、この漢字か～。
付箋を貼っておこう！

（活動後）そこまでにしましょう。漢字練習の時間では、その付箋を貼ったところの漢字を練習しましょう。
間違えずに書けるようになったら、付箋をはがします。

ADVICE！　・小テストのページのほかにも、読み仮名と答えがセットで同じページになっているような箇所があれば、それを活用しましょう。

漢字大テストは、何周も続く！

80 漢字大テスト2周目チャレンジ

ねらい 漢字の大テストで熟語の習得度合を確認する

❶漢字テストの2周目に挑戦する

 漢字テストが終わった人は、その漢字を使ったほかの熟語を横に書きましょう。
例えば、「徒」という漢字であれば、「生徒」のほかに、「徒競走」や「徒歩」というように、ほかの熟語を書きます。
何点まで到達することができるかな？　用意、始め！

 ほかの熟語を考えよう。「働く」は、「労働」「実働」……。

労働、実働　働く

ほかの熟語を考えよう

❷教師が採点する

 （活動後）では、できた人はテストを持ってきてください。

 できました！

 （採点後）Aさんは……
テストの点は250点です！

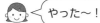 やった〜！

Aさんは……テストの点は250点です！

ADVICE！
・「正解したものを加点する」という形式で採点します。間違っても減点にはしません。
・加点されたテストの点数は、成績づけのためのものではなく、あくまでも意欲喚起を促すための取り組みです。

送り仮名指導

　「送り仮名」を苦手にする子どもは、意外に多いものです。漢字そのものを覚えたとしても、送り仮名を覚えるのは難しいようなのです。

　しかし、送り仮名には2つの決まりがあります。その決まりに気付くことができれば、1つ1つを覚える必要はなくなります。

①訓読みの活用ができるようにする

　まずは、訓読みを思い出すようにします。1つの漢字を訓読みでいくつかの読み方をしてみて、言葉が変わるところから送り仮名をつけるようにするのです。

　送り仮名というのは、「活用のある語は、活用語尾を送る」となっています。

　例えば、「変わる」という字であれば、「変わる」もあれば、「変える」もあります。したがって、「わ」や「え」のところからが活用されているので、ここから送り仮名になるわけです。

　例えば、もしも「変わる」が「変る」になってしまうと、それが「かわる」なのか「かえる」なのかが分からなくなってしまいます。それは問題です。このようにして、いくつかの読み方をしてみて、変化のある部分から送り仮名にすればいいのです。

②ほかの読み方との混ざりを避ける

　送り仮名そのものには、誤読・難読を防ぐ役割として用いられるものもあります。例えば、「細かい」は「細かくない」「細かき」「細かけれども」「細かかろう」というように、「か」の部分には活用がありません。しかし、これを「細い」としてしまうと、「ほそい」と混同してしまいます。ほかの読み方と間違えないようにするために定められているものもあるのです。

　このようにしてきまりを伝えると、送り仮名の間違いはずいぶん少なくなります。

　そもそも、送り仮名というのは、書くときに発生する問題です。つまり、話しているときには、それほど困ることはないのです。書かれたものを読む段階になって起こる問題なのです。

　子どもが間違えやすい字が出てきたときには、訓読みをいくつか考えてみて、送り仮名を確認するようにしてみましょう。

Chapter

5

ワークシートを
用いる
漢字あそび

ワークシートがあれば、
そこに漢字を当てはめることで、
手軽に漢字あそびを楽しむことができます。
1つのワークシートにつき、
3通りのあそび方を紹介します。

81

正しい漢字でビンゴを目指せ！

漢字ビンゴ

ねらい 楽しみながら漢字テストを実施する

❶ビンゴカードの中に漢字を書き込む

今日の漢字練習は、ビンゴです。漢字小テストの10の問題の中から、9つを選んで漢字にし、ビンゴカードの中に書き入れましょう。正解したら丸を、間違えたらチェックをつけて、正しい漢字を書いていきます。
いくつビンゴになることができるでしょうか？

よし、できた！

よし、できた！

❷答え合わせをする

では、先生が正解を読み上げていきます。はじめは、「音読」。
（すべて読み上げた後）
いくつビンゴになりましたか？

3ビンゴだ！

ちょっとだけ間違えちゃったよ〜。

（確認後）間違えた人は、しっかり見直しをしておきましょう。

3ビンゴだ！

ADVICE！ ・小テストの代わりにビンゴカードに書き込むようにするだけで、子どもの取り組み方が変わります。

82 音の交差点

交わる音で漢字ができるかな？

ねらい 2音で成り立つ漢字を考える

❶ マス目の縦と横にカタカナをふる

今日の漢字練習は、ビンゴです。マス目の横に、カタカナを1文字ずつ書いていきましょう。すべてのマスのまわりにそれぞれ何か3文字の言葉を書きます。
その交点に縦と横の文字と組み合わせてできる音の漢字を書き込んでみましょう。となりの人と、1つずつ書きます。書けなくなってしまったら、負けです。

ナとカで「中」！

ナとカで、「中」！

❷ 2つの音の組み合わせの漢字を書く

もう書けない～。

私の勝ち！

終わった人は、裏面にマス目を書いて、別のカタカナでもやってみましょう。

もう書けない～

私の勝ち！

ADVICE！　・書く言葉が思いつかない場合は、動物の名前や、食べ物の名前などをヒントに言葉を選ぶように促しましょう。

83 部分の交差点
交わる部分・部首で漢字ができるかな？

ねらい 部分を組み合わせた漢字を考える

❶マス目の縦と横に漢字の一部分を書く

今日の漢字練習は、ビンゴです。マス目の横に、漢字の一部分を１つずつ書いていきましょう。すべてのマスのまわりに書きます。その交点に縦と横の部分とを組み合わせてできる漢字を書き込んでみましょう。少しでもその部分が入っていればOKです。
となりの人と、１つずつ書きます。書けなくなってしまったら、負けです。

「十」と「目」とで、「真」だね。

「十」と「目」とで、「真」だね

❷2つの部分・部首を組み合わせた漢字を書く

もう思いつかないな〜。

やった〜、勝った！

終わった人は、裏面にマス目を書いて、ほかの一部分でもやってみましょう。

もう思いつかないな〜

勝った！

ADVICE！

・部分を書くのに悩む場合には、教科書や漢字ドリルなどを見て、そこから選び取るように促します。
・高学年では、部首を書くようにします。

ビンゴカード

84 熟語迷路

熟語の迷路を、いざ進め！

ねらい 様々な熟語を組み合わせる

❶熟語の迷路を作る

 スタートから右下のゴールに向かって漢字の熟語をつなげるようにして読み進める迷路を作ります。
まずは熟語をしりとりでつなげて正解の道筋を作り、余った箇所に関係のない漢字を埋めていきます。こうして、迷路を作っていきましょう。

まずは、道筋を作って……

「圧力→力学→学校……」。
まずは、道筋を作って……。

❷友だちと作った迷路を解き合う

できた！

では、完成した迷路を友だちと交換して、指でなぞるようにして進んでみましょう。

交換しよう！
う〜ん、こっちかな……？

班のほかの人の迷路も解いてみましょう。

できた！

う〜ん、こっちかな……？

ADVICE!　・蛇状に進むと、長く続けることができます。できるだけ長いルートが作れるように例を示していくようにするといいでしょう。

同じ音の迷路を進もう！
85 同音迷路
ねらい 音を組み合わせて漢字を作る

❶同音の迷路を作る

スタートから右下のゴールに向かって同じ音の漢字を書き入れていく迷路を作ります。まずは漢字をつなげて正解の道筋を作り、余った箇所に関係のない漢字を埋めていきます。こうして、迷路を作っていきましょう。

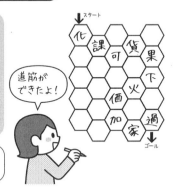

「化→課→可……」。道筋ができたよ！

❷友だちと作った迷路を解き合う

完成！

では、完成した迷路を友だちと交換して、指でなぞるようにして進んでみましょう。

交換しようよ！
これは、「か」で進むんだね。

班のほかの人の迷路も解いてみましょう。

ADVICE!　・スタート地点を書き入れないようにすると、難易度が高まります。
　　　　　　・タブレットに字を打ち込んで変換すると、同音漢字を素早く見つけることができます。

86 同じ部分の迷路を進もう！
同部分迷路
ねらい 漢字の同じ部分に気付く

❶同じ部分をもつ漢字の迷路を作る

 スタートから右下のゴールに向かって同じ部分をもつ漢字を書き入れていく迷路を作ります。
まずは漢字をつなげて正解の道筋を作り、余った箇所に関係のない漢字を埋めていきます。こうして迷路を作っていきましょう。

「札→机→村……」。
道筋の完成だ！

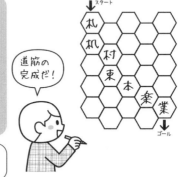

❷友だちと作った迷路を解き合う

よし、バッチリ！

では、完成した迷路を友だちと交換して、指でなぞるようにして進んでみましょう。

 交換しようよ！
意外と難しい……。

 班のほかの人の迷路も解いてみましょう。

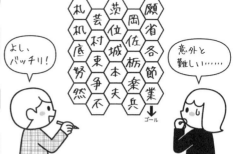

ADVICE！
・阝（こざとへん）や月（にくづき）、王（おうへん）、人、口などは、様々な漢字に含まれるのでおすすめです。
・漢字辞典やタブレットで調べると、様々な漢字を見つけることができます。活用していきましょう。

ハチノス

年　　　組　名前

スタート

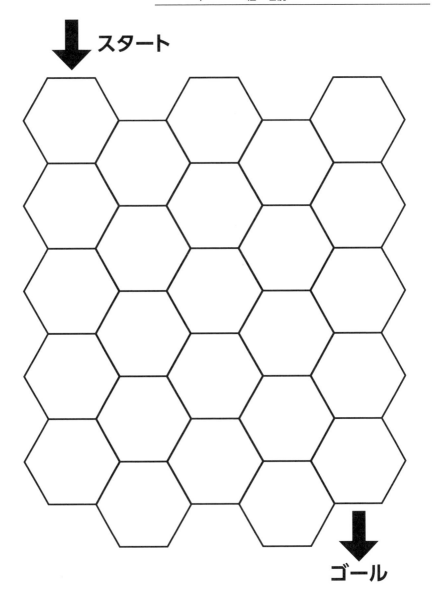

ゴール

同じ部首を見つけよう！
87 部首の花

ねらい 同じ部首をもつ漢字を集める

❶部首の花を作る

部首の花を作りましょう。
まずは部首を真ん中に書きます。その部首のつく漢字を集めて、まわりに書き込みます。
今日は、「にんべん」「やまいだれ」「れっか」を考えましょう。
４つめの花は、自分の好きな部首で埋めます。

あと、何が
あるかな～？

「にんべん」か～。
「住」「佳」……あと、
何があるかな～？

❷できあがった部首の花を見せ合う

できる人は、さらに広げて書きましょう。
(活動後) 班の人と、どんな花ができあがったのかを見せ合いましょう。

大きな花になったよ！

すごい！

ADVICE!　　・あらかじめワークシートに部首を書き込んだものを印刷し、子どもたちに
　　　　　　　　配付しておくとスムーズです。

花を用いるあそび②

漢字とつなげて熟語にしよう！

88 熟語の花

ねらい 同じ漢字をもつ熟語を知る

❶熟語の花を作る

熟語の花を作りましょう。
つながっているところが熟語
になるように、〇の中に字を
埋めていきます。
上下左右どちらから読んでも
OKです。今日は、「使」「宿」
「助」（3年生）を中心にして考え
ましょう。
4つめの花は、自分の好きな
漢字で始めます。

ほかに熟語が
あったかな？

「使役」「使者」……。
う～ん、ほかに熟語があったかな？

❷できあがった漢字の花を見せ合う

（活動後）そこまでにしましょう。
班の人と、どんな花ができあがったのかを見せ合いましょう。

できたよ！

難しい熟語を知っている
んだね！

ADVICE! ・熟語をどれだけ知っているかを試すワークでもあるので、まずは自力で埋
めるように促します。どうしても難しいような場合には、調べてもいいこと
にします。

89 英語の音と同じ漢字は？
英語の音の花
ねらい 漢字の音の共通点に気付く

❶英語の音の花を作る

英語の音の花を作りましょう。まずはアルファベットを真ん中に書きます。そのアルファベットの音の漢字を集めて、まわりに書き込みます。今日は、「K」「O」「Q」「U」を考えましょう。

ほかに何かあったような〜

「K」か〜。「形」「系」……ほかに何かあったような〜。

❷できあがった英語の音の花を見せ合う

(活動後)そこまでにしましょう。班の人と、どんな花ができあがったのかを見せ合いましょう。

意外と書けたよ！

あ〜、「兄」もKと読めるんだね！

大きな花ができましたね。同じ音の漢字には、いくつか共通した形がありますね。

ADVICE！
・「K」は兄京計軽形係経、「O」は王央往黄応、「Q」は九急級球給休久、「U」は夕友有右由遊郵優など。
・ほかにも、「A（えい）」は栄英永営衛映泳、「T（てい）」は低定体丁停底弟庭、「C（すい）」は水吸推垂出、「I（あい）」は愛合会相間でも問題が作れます。

はな
花

ねん　　くみ　なまえ
年　　組 名前 _____

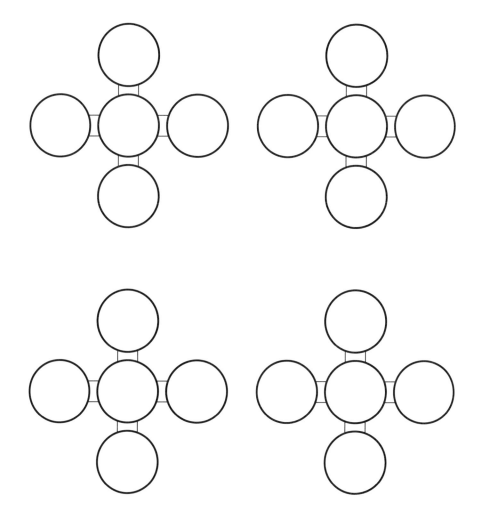

90 一部分抜きダンゴ

漢字を作るには、どの部首が必要？

ねらい 漢字の共通する部分を捉える

❶部首のない漢字を書く

 ダンゴの中に書かれている漢字には、一部分が抜けています。その一部分が何か分かるでしょうか？

 「日」だと思います。

 正解です。このような、共通する一部分を抜いた問題を作りましょう。
4本ダンゴがありますが、まずは1本作ってみましょう。

口の形を抜いてみよう！

❷問題を解き合う

 では、友だちの作った問題を解いてみましょう。

これは難しい！

 (活動後) そこまでにしましょう。みんなに問題を出せる人？ (挙手・指名)
では、Aさん、写真を撮ってみんなに共有してください。

 何だろう…？　あっ、「目」！

ADVICE! ・「同じ部分をもつ漢字を集める」→「一部分を消した形をダンゴに書く」という流れがスムーズです。

91 部首だけダンゴ

部首だけ異なる漢字を考えよう！

ねらい 異なる部首で同じ部分をもつ漢字を知る

❶部首だけを書く

 ダンゴの中に書かれている漢字には、共通する一部分が抜けていて、部首だけが書かれています。その一部分が何だか分かりますか？

 「主」だと思います。

 正解です。このような、共通する一部分を抜いた問題を作りましょう。
4本ダンゴがありますが、まずは1本作ってみましょう。

 まずは、共通する部分をもつ漢字を見つけないと……。

❷問題を解き合う

 では、友だちの作った問題を解いてみましょう。

 分かった！

 （活動後）そこまでにしましょう。みんなに問題を出せる人？ （挙手・指名）
では、Aくん、写真を撮ってみんなに共有してください。

 う〜ん……「寺」！

ADVICE! ・「同じ部首の漢字を集める」→「部首以外を消した形をダンゴに書く」という流れがスムーズです。

92 上下別れダンゴ

漢字が上下に分かれてつながる！

ねらい 漢字の部分の組み合わせに注目する

❶上下の形を合体させると漢字になる形を書く

 ダンゴに書かれている上下の形がつながり、漢字になるようにします。例えば、このダンゴは、どのようにつながるのか分かりますか？

 「集」「森」「禁」です。

 その通り。となりの人と話し合って、4つのダンゴを完成させましょう。

 上下に分かれる漢字はあるかな？

❷完成したダンゴを発表する

 では、完成したダンゴを黒板に書いてください。書ける人？ (挙手・指名)

 はい！

 (活動後) そうか～。あんな組み合わせ方があったんだ！

ADVICE!
・発表用に、あらかじめ黒板へダンゴの形だけを書いておくと発表がスムーズになります。
・難易度の高いワークですので、漢字表や漢字ドリルを見ながら、ペアや班など複数人で取り組ませるようにすることをおすすめします。

ダンゴ

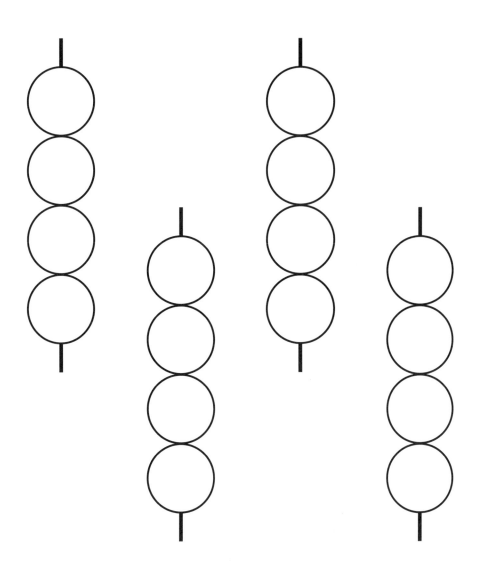

93 2つの音に分けて書こう！ 漢字トーナメント

ねらい 漢字の音から様々な漢字を書く

❶トーナメント表に漢字を書く

トーナメント表を使った漢字あそびをしましょう。
まずは一番上に読みが2音となる漢字を1つ書いて、しりとりのようにその
読み2音それぞれから始まる音の漢字を下につなげていくようにします。
5分間で何段目まで書き続けていくことができるか、挑戦してみましょう。
読み方が1文字の場合や、「ン」など書けない言葉が出てきたら、そこは書
かなくてかまいません。では、一番上の漢字は「秋」です。用意、始め！

「あ」は「足」で、「き」は「来」
だな。よし、まずは1段！

❷どんどん下に漢字をつなげていく

3段できた！

（活動後）そこまでにしましょ
う。何段目まで進めることが
できましたか？（確認後）
班の人と見合ってみましょ
う。

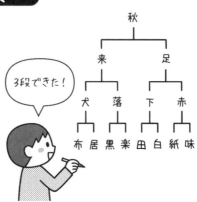

ADVICE!
・「ちゃ」などの場合は、そのままの音でつなげます。しりとりと同じシステム
です。
・できる子には、手書きで4段目や5段目を書かせて挑戦させます。

132

94 下から頂上まで進んでみよう！ 下から上にトーナメント

ねらい 音から漢字を想起する

❶トーナメント表の下にカタカナの音を書く

トーナメント表を使った漢字あそびをしましょう。トーナメント表の下に、ランダムでカタカナを書きます。トーナメント表の上には、2つの音を合わせた漢字を書いていきます。
次の段は、2つの漢字からとった音を合わせた漢字を書きます。何も書けなかったところの漢字は、1文字にするか、「ン」として考えます。そのまま、頂上を目指していきましょう。頂上にたどりつくことができたら成功です。

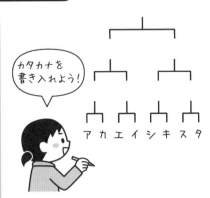

カタカナを書き入れよう！

 カタカナを書き入れよう！

❷上へと漢字をつなげていく

 頂上までたどりついたぞ！

 （活動後）そこまでにしましょう。頂上までたどりつけた人？（挙手）

  はい！

 すばらしい！

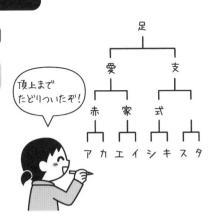

頂上までたどりついたぞ！

ADVICE！ ・あそび❸を実施した後に行うと、ルールをスムーズに理解できます。

ペアで下から上へと進む勝負！
95 下から上にトーナメント勝負

ねらい 音から漢字を想起して競い合う

❶トーナメント表の下にカタカナの音を書く

2人に1枚、紙を配ります。トーナメント表の下に、ランダムでカタカナを書きます。となりの人と交替しながら、その字で終わるような漢字を書いていきます。書けない場合は、パスしてもいいです。そのまま、頂上を目指していきましょう。頂上にたどりつくことができたほうの勝ちです。
2人でジャンケンをして、負けた人がカタカナを書き、勝った人から漢字を書きます。

〈 カタカナを書いたよ！

〈 じゃあ、
私から漢字を書くね！

❷1個ずつ書いて頂上を目指す

〈 やった〜、頂上だ！

〈 負けた〜。

終わったペアは、裏にトーナメント表を書いて2回戦をして待ちましょう。
（活動後）そこまでにしましょう。勝った人？ 負けた人？ 引き分けだった人？ （挙手）

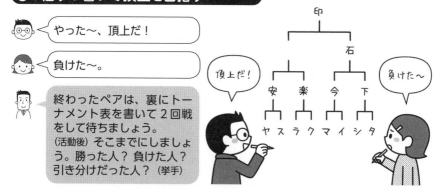

ADVICE！
・慣れてきたら、手書きでもう1段増やして始めるといいでしょう。
・どちらもパスになった場合は、辞書や教科書、漢字ドリルなどを用いてもいいことにします。

トーナメント表

年　　組 名前

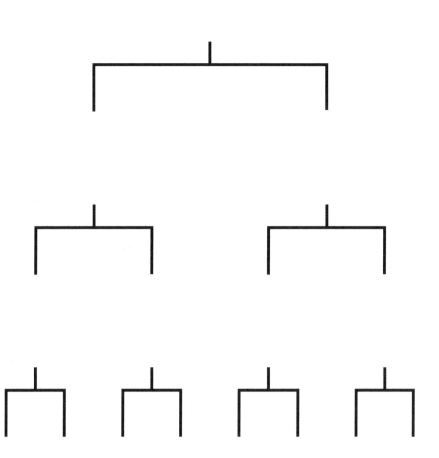

同じ部分の輪を作ろう！

96 部分サークル

ねらい 漢字の部分の共通点を考える

❶同じ部分をもつ漢字を続けて書いて輪を作る

 ○の１つに、ある漢字を書き入れます。
そのとなりに、同じ部分をもつ漢字を書き入れます。そうして１周回って戻ってくることができれば成功です。
ただし、すべて同じ部分をもつ漢字にしてはいけません。
はじめの漢字は、「数」です。

「数」の「女」の部分を使って、「好」にしよう！

「数」の「女」の部分を使って、「好」にしよう！

❷部分の輪を完成させる

 やった〜、
１周することができた！

 （活動後）成功した人はいますか？ （挙手）
すばらしい！
写真を撮って、みんなに共有し、確認してみましょう。

１周することができた！

ADVICE！ ・はじめの漢字は、様々な部分を含む漢字が適しています。例えば、「整」「箱」「路」「親」「晴」「線」「類」「鏡」「績」「程」「姿」「聖」など。

輪を用いるあそび②

音でつながる輪を作ろう！

97 漢字の音しりとり

ねらい 漢字の共通する音を考える

❶読みの音でつながる漢字を書いて輪を作る

 ○の1つに、ある漢字を書き入れます。そのとなりに、しりとりのようにして、読んだときの音につなげて漢字を書き入れます。1周回って戻ってくることができれば成功です。はじめの漢字は、「息」です。

 「息（いき）」を
「君（きみ）」につなげよう！

❷音の輪を完成させる

 よし、できた！

 （活動後）成功した人はいますか？（挙手）
すばらしい！
写真を撮って、みんなに共有し、確認してみましょう。

ADVICE！ ・友だちの作品を見合うことで、読み方の勉強にもつながります。

98 熟語サークル
熟語をつなげて1周しよう！

ねらい 多くの熟語に触れながら熟語の語彙を増やす

❶熟語を続けて書いて輪を作る

 ○の1つに、ある漢字を書き入れます。そのとなりに、熟語になる漢字を書き入れます。そうして、1周回って戻ってくることができれば成功です。はじめの漢字は、「日」です。

 「日」に「本」で「日本」だ！

❷熟語の輪を完成させる

 やった！　完成だ！

 (活動後) 成功できた人？　(挙手)
すごい！　どんな輪になったのか、写真を撮って、みんなに共有し、確認してみましょう。

ADVICE！
・はじめのうちは、漢字ドリルや教科書などで調べてもいいことにします。慣れてきたら、調べるのを禁止して実施していくようにします。
・はじめの漢字は、よく使われる「一」「大」「年」「中」「人」「金」「月」「本」「上」などが適しています。

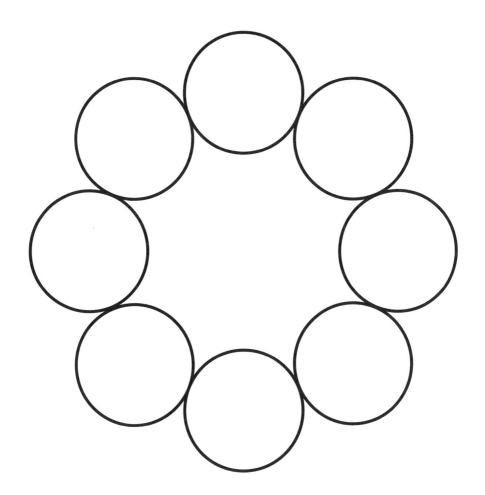

99 ことわざカルタ

漢字の絵を作り出そう！

ねらい ことわざの漢字と意味を調べ、語彙を増やす

❶ ことわざや慣用句の漢字の絵を描く

 ことわざや慣用句を、漢字を用いた絵で表現してみましょう。例えば、これは何か分かりますか？

「口が滑る」！

 その通り。このようにして、ことわざや慣用句を漢字の絵にします。今から指定したことわざや慣用句を調べて、ワークシートにまとめましょう。

❷ 漢字の絵を友だちと見合う

 できた人は、2枚目に挑戦しましょう。前に置いてある紙を取るときに、先生が言葉を指定しますね。（活動後）では、できた絵を友だちと見合いましょう。

 「犬も歩けば棒に当たる」だよ！

 なるほど！　私は「舌を巻く」！

僕はこれ。「八方美人」！

 では、紙を回収します。
後日、みんなでカルタ大会をしましょう！

ADVICE!
・できあがったカルタは、まとめてスキャンし、Nアップで8枚を1枚にして縮小してプリントアウトします。それを、班の枚数分用意します。切り分けるのは、子どもにやってもらうようにするとスムーズです。
・自由に絵や写真を検索して、見本にしながら描くようにします。

100 好きな漢字をまとめよう！ 漢字紹介カード

ねらい 様々な漢字の成り立ちを学ぶ

❶好きな漢字についてまとめる

○年生で習った漢字で、好きなものを１つ決めて、その漢字についてまとめます。
熟語や成り立ちなどを調べてまとめましょう。

「打」の漢字について、まとめてみよう！

「打」の漢字について、まとめてみよう！

❷好きな漢字を発表する

(活動後) では、自分の好きな漢字を発表しましょう。
発表できる人？　(挙手・指名)
Aくん、写真に撮ってみんなに共有してください。

僕は、「打」について調べました。丁の部分は、くぎを表しています。手へんは、手に持っているということです。つまり、手でくぎを打ち込むような動きを表しています。

・手で
・くぎを打ち込むような動きを表しています

すばらしい！
拍手を送りましょう！

ADVICE！　　・漢字辞典やタブレットでの検索を有効に活用させていきましょう。

今年の私の漢字はコレ！

101 今年の漢字

ねらい 漢字を選び、意味を理解する

❶今年の漢字を考えて書く

 自分にとって、今年を漢字1文字で表してください。
なぜそうなのかを、絵や言葉で表現してみましょう。

 「信」かな？

「信」かな？

❷今年の漢字を発表する

 では、班で今年の漢字を発表し合いましょう。

 僕は「信」です。ふだんの自分の取り組みを信じて、テストを受けて、成果を出すことができました。

 いいね！

 同じクラスで過ごしていても、人によって感じ方が異なるのですね。

ふだんの自分の取り組みを信じて、テストを受けて、成果を出すことができました

いいね！

ADVICE! ・「○年生を漢字で表すと」「今年度を漢字で表すと」というように、節目で行うようにするといいでしょう。

カード

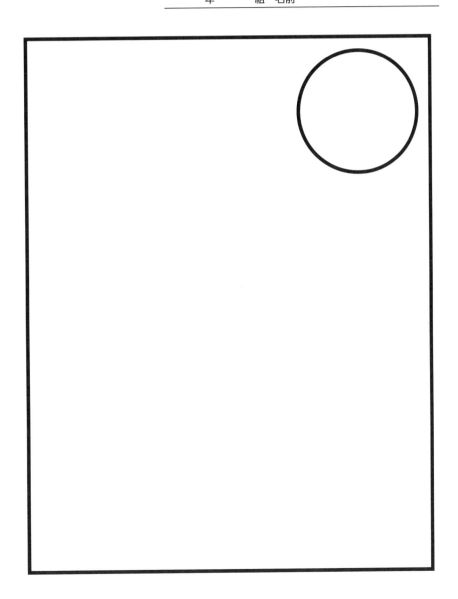

COLUMN 6

なぜ、シャープペンシルではなく、鉛筆を用いるのか？

　特に小学校においては、鉛筆を用いて授業を受けることを求められることがあります。

　高学年にもなれば、「シャープペンシルを使いたい」という子どももいますが、小学校では鉛筆を用いるというルールが定められていることも多く、子どもたちはしぶしぶ鉛筆を使っていることがあります。

　では、なぜ、小学校では鉛筆を用いるのでしょうか。

　これは、字体の標準とする形を正しく整えて書くことができるようにするためです。

　教科書活字の書体は、毛筆による楷書を元にしたものであり、この伝統的な文字の形は、毛筆の特徴である「とめ」「はね」「はらい」などとして表れています。

　硬筆のうちでも、特にB系の芯の鉛筆は、これをまねしやすい筆記用具であると選び出されたのです。伝統的な文字の形の細部は、毛筆という筆記用具の特徴です。学校教育は、これを文字の形における伝統的な文化として受け継いだということになるのです。

　シャープペンシルだと、こうした細部の特徴を表しにくいものです。現在においては、シャープペンシルやボールペンが主流になってきていますので、いつかはボールペンで書かれる文字の形が、文化の主流となることも考えられます。

　ただ、学校教育は、飛躍してそのような流れに沿うということはしません。

　文化が推移することは当然なのですが、まずは、小学校低学年では、やわらかい芯の鉛筆を用いて学習し、文字文化の伝統に従って学習させていこうとしているのです。

　子どもからシャープペンシルの使用を求められたときには、「ダメなものはダメ」と突き放すのではなくて、上記のように説明するようにしましょう。

参考文献

- 小林一仁『バツをつけない漢字指導』大修館書店（1998年）
- 円満字二郎『知るほどに深くなる漢字のツボ』青春出版社（2017年）
- 馬場雄二『漢字遊びハンドブック』仮説社（1987年）
- 馬場雄二『誤字等の本』仮説社（1993年）
- 馬場雄二『漢字遊字典──ことばを見て楽しむ字典』東京堂出版（1995年）
- 馬場雄二『漢字のサーカス』岩波書店（2002年）
- 馬場雄二『漢字遊び解体新書──パズルで広がる漢字のたのしみ』大修館書店（2007年）
- 馬場雄二『漢字のサーカス　常用漢字編1』岩波書店（2010年）
- 馬場雄二『漢字のサーカス　常用漢字編2』岩波書店（2011年）
- 東田大志『京大・東田式　日本語力向上パズル』小学館（2011年）
- 鶴田洋子『ことば遊び《ことばの小径》』誠文堂新光社（1988年）
- 土居正博『クラス全員が熱心に取り組む！漢字指導法──学習活動アイデア＆指導技術』明治図書出版（2019年）
- 土居正博『「繰り返し」で子どもを育てる　国語科基礎力トレーニング』東洋館出版（2020年）
- 竹田契一監修、村井敏宏『通常の学級でやさしい学び支援　2巻　読み書きが苦手な子どもへの〈つまずき〉支援ワーク』明治図書出版（2010年）
- 桝谷雄三『漢字リピートプリント　小学校低学年1・2・3年』フォーラム・A（2010年）
- 藤堂明保『漢字の過去と未来』岩波書店（1982年）
- 阿辻哲次、棚橋尚子 監修『小学校国語漢字指導の方法　確かな定着と活用のために』光村図書出版（2011年）
- 小寺 誠『白川静式小学校漢字字典』フォーラム・A（2011年）
- 沖森卓也、笹原宏之、常盤智子、山本真吾『図解日本の文字』三省堂（2011年）
- 飛田多喜雄、小林一仁編『最新中学校国語科指導法講座11　言語事項1　漢字、語句・語彙の指導』明治図書出版（1983年）
- 鈴木基久『改訂新版 リズムでおぼえる漢字学習 小学校全学年』清風堂書店（2018年）

おわりに

　漢字の学習は、小学校の勉強において、大きな比重を占めています。教師も子どもも保護者でさえも、漢字の出来具合をよく気にかけます。

　その割には、授業における勉強法というのは一辺倒になりがちです。漢字ドリルを行い、ノートに何回も書き写して……。そんな単調な学習ばかりになってしまうと、漢字嫌いの子どもを生み出してしまうかもしれません。

　そこで本書では、漢字を学習しながら楽しむことができるあそびを集めました。特に近年では、ICT機器が充実してきているため、文字の形そのものであそぶ創造的な取り組みが可能になりました。本書のあそびを参考にして、漢字のもつ奥深さに気付かせることができるといいなと考えています。

　また、本書を用いれば、漢字を先行して学習することが可能です。例えば、漢字の例文表（p.86 〜 91）を用いれば、まだ習っていない漢字も、先行して読み方を知ることができます。すると、その漢字を習う際には「ああ、リピートするあそびで見たことがある漢字だ」というように、スムーズに学ぶことができます。

　さらに本書では、漢字をさかのぼって学習することもできます。例えば、4年生になれば、3年生や2年生の漢字は当然覚えているものとして学習が進むけれども、本当に覚えきれているかどうかは怪しいものです。そこで、前学年での漢字も用いてあそびを実施し、復習の機会にするようにします。漢字表（p.75 〜 80）を用いてあそびを行えば、思い出すきっかけを生み出してくれることでしょう。

　楽しいあそびの中に漢字を用いれば、子どもたちは自然と漢字に慣れ親しんでいきます。漢字を覚えようとします。漢字をもっと知りたいと考えるようになります。

　毎日の漢字の学習に、ちょっとした彩りを加えるような形で、本書を活用してください。漢字好きな子どもが、1人でも多く生まれることを願っています。

　2023年10月

　　　　　　　　　　　　　　　　　　三好真史

著者紹介

三好真史（みよし しんじ）
大阪教育大学教育学部国語専攻卒。
堺市立小学校教師。令和4年度より京都大学大学院
教育学研究科に在籍。
教育サークル「ふくえくぼの会」代表。
メンタル心理カウンセラー。
著書に『教師の言葉かけ大全』（東洋館出版）、
『読み書きが得意になる！　対話力がアップする！
国語あそび101』（学陽書房）などがある。

「読む」「書く」が育つ！　国語力が楽しくアップ！
漢字あそび101

2023年　10月20日　　初版発行

著者 ──────── 三好真史
装幀 ──────── スタジオダンク
本文デザイン・DTP 制作 ── スタジオトラミーケ
イラスト ─────── 榎本はいほ
発行者 ─────── 佐久間重嘉
発行所 ─────── 株式会社 学陽書房
　　　　　　　　　東京都千代田区飯田橋 1-9-3　〒 102-0072
　　　　　　　　　営業部　TEL03-3261-1111　FAX03-5211-3300
　　　　　　　　　編集部　TEL03-3261-1112　FAX03-5211-3301
　　　　　　　　　http://www.gakuyo.co.jp/
印刷 ──────── 加藤文明社
製本 ──────── 東京美術紙工
©Shinji Miyoshi 2023, Printed in Japan
ISBN978-4-313-65494-5　C0037

読み書きが得意になる！
対話力がアップする！
国語あそび101

三好真史 著
◎ A5 判 140 頁　定価 2090 円（10%税込）

「もっと書きたい」「もっと読みたい」
「もっと話し合いたい」……子どもが
夢中になって言葉の世界をグングン広
げていくことができるあそび集。お馴
染みのしりとりや辞書を使ったゲーム、
作文ゲーム、話し合いゲームなど、楽
しく取り組みながら国語が大好きな子
どもを育む一冊です！

楽しく数学脳が鍛えられる！
ワークシートで便利！
算数あそび101

三好真史 著
◎ A5 判 136 頁　定価 2090 円（10%税込）

パズルや迷路、図形や計算あそび
……子どもたちが「もっと解いてみた
い！」「考えるのって楽しいな！」と夢
中になれるあそびが満載！　算数科
の授業導入時のウォーミングアップに
はもちろんのこと、授業の振り返り活
動など、多様なかたちで楽しめます！

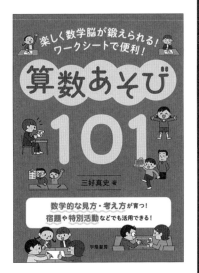

体育が苦手な教師でも必ずうまくいく！

マット・鉄棒・跳び箱
指導の教科書

三好真史 著

◎ A5判 192頁　定価 2200円（10％税込）

体育科指導の最難関とも言われる器械運動は、3ポイントと5ステップを押さえれば必ずうまくいく！　運動がじつは苦手という先生でも不安なく指導できる具体的方法が学べる本書。基本の技はもちろん、安全を確保する補助の仕方、つまずいている子へのアドバイスなどが分かりやすいイラストとともに学べて、どの子からも「できた！」が引き出せます！